哈尔滨职业技术学院
国家骨干高职院校建设项目成果

道路桥梁工程技术专业

寒区路桥工程施工技术

杨化奎　主编

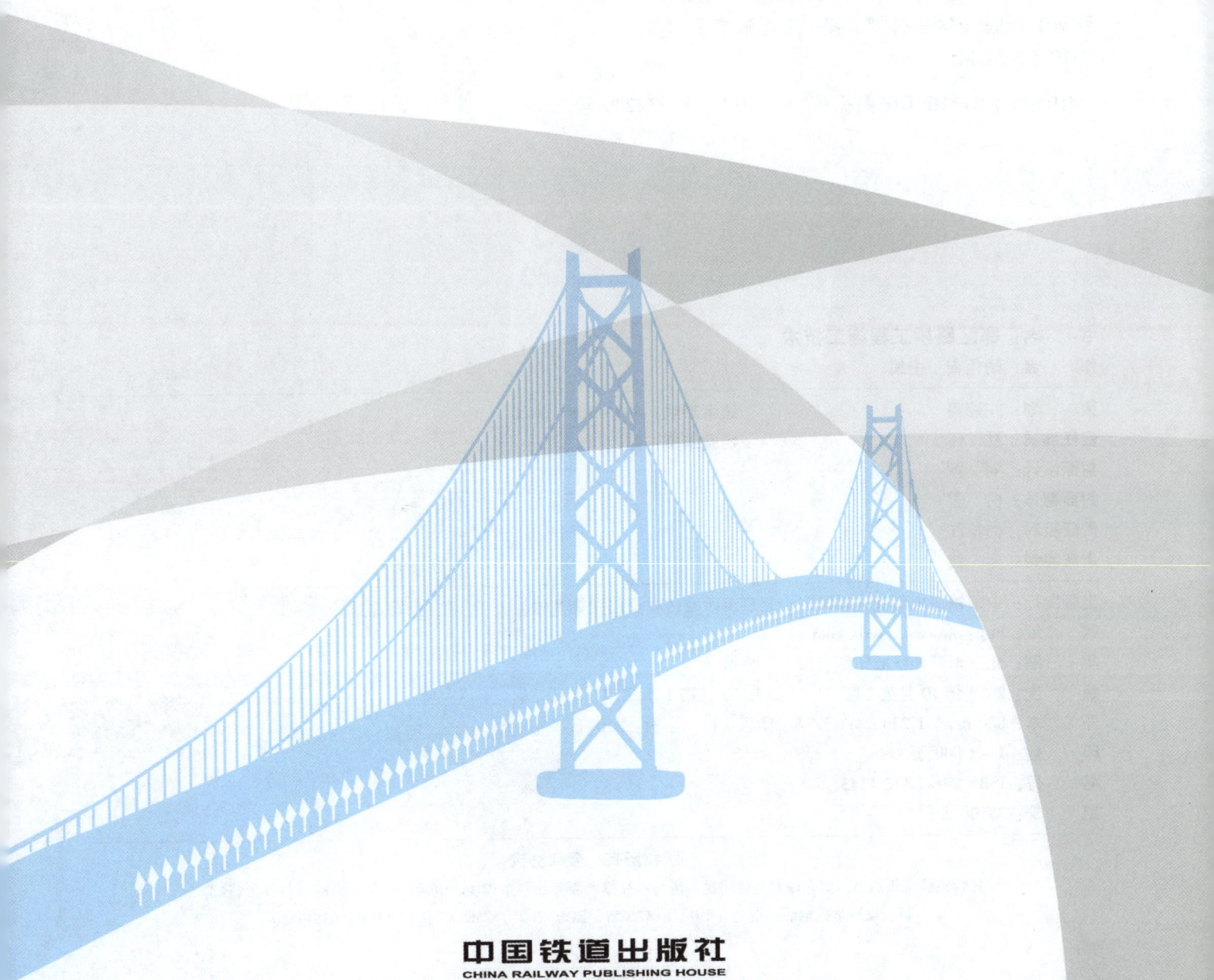

中国铁道出版社
CHINA RAILWAY PUBLISHING HOUSE

内容提要

本学习领域课程是依据高职高专道路桥梁工程技术专业人才培养目标和定位要求,结合本地区特点,按照寒区路桥工程施工工作过程为导向构建的学习领域课程,主要内容包括多年冻土地区路桥施工、翻浆地段路基施工、涎流冰地段路基施工、寒区路面工程施工及桥涵构造物冬期施工5个学习情境,10个工作任务。

本教材作为高职高专道路桥梁工程技术专业学习用书,侧重培养学生低温环境下从事路桥工程实践能力,满足企业对于学生知识、技能及素质等方面的要求,对于市政工程技术、建筑工程技术、工程监理等土建类专业群及相关工程技术人员同样具有参考价值。

图书在版编目(CIP)数据

寒区路桥工程施工技术/杨化奎主编.—北京:
中国铁道出版社,2013.10
国家骨干高职院校建设项目成果
ISBN 978-7-113-17431-6

Ⅰ.①寒… Ⅱ.①杨… Ⅲ.①冻土区—道路工程—工
程施工 ②冻土区—桥梁工程—工程施工 Ⅳ.①
U419.92②U445

中国版本图书馆 CIP 数据核字(2013)第 232289 号

书　　名:	寒区路桥工程施工技术		
作　　者:	杨化奎　主编		
策　　划:	左婷婷	**读者热线:**	400 - 668 - 0820
责任编辑:	夏　伟	**特邀编辑:**	赵　瑷
封面设计:	刘　颖		
封面制作:	白　雪		
责任校对:	龚长江		
责任印制:	李　佳		

出版发行: 中国铁道出版社(100054,北京市西城区右安门西街 8 号)

网　　址: http://www.51eds.com

印　　刷: 北京米开朗优威印刷有限责任公司

版　　次: 2013 年 10 月第 1 版　　2013 年 10 月第 1 次印刷

开　　本: 880 mm×1 230 mm　1/16　印张:11　字数:310 千

印　　数: 1~2 000 册

书　　号: ISBN 978-7-113-17431-6

定　　价: 35.00 元

哈尔滨职业技术学院道路桥梁工程技术专业
教材编审委员会

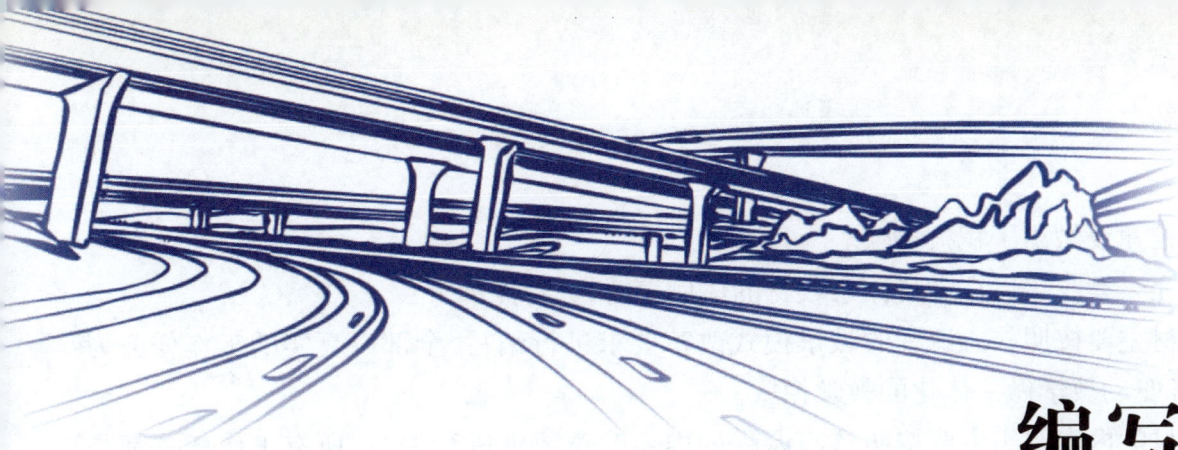

编写说明

为了贯彻落实《国家中长期教育改革与发展规划纲要（2010—2020）》精神,更好地适应我国走新型工业化道路,实现经济发展方式转变、产业结构优化升级,建设人力资源强国发展战略的需要,进一步发挥国家示范性高职院校的引领带动作用,构建现代高等职业教育体系,在国家百所示范高职院校建设取得显著成效的基础上,2010年国家教育部、财政部继续加强国家示范性高等职业院校建设,启动了国家骨干高职院校建设项目,在全国遴选了100所国家骨干高职院校,着力推进骨干高职院校进行办学体制机制创新,增强办学活力,以专业建设为核心,强化内涵建设,提高人才培养质量,带动本地区高等职业教育整体水平提升。

哈尔滨职业技术学院于2010年11月被确定为"国家示范性高等职业院校建设计划"骨干高职院校立项建设单位。学院在国家骨干高职院校建设创新办学体制机制,打造校企"双主体育人"平台,推进合作办学、合作育人、合作就业、合作发展的进程中,以专业建设为核心,以课程改革为抓手,以教学条件建设为支撑,全面提升办学水平。

学院与哈尔滨市公路工程处、龙建路桥股份有限公司等企业成立了校企合作工作领导小组,完善了道路桥梁工程技术专业建设指导委员会,进行了合作建站、合作办学、合作建队、合作育人的"四合模式"建设;创新了"校企共育、德能双修、季节分段"工学交替的人才培养模式,即以校企合作机制为保障,打造校企"双主体育人"合作平台,将学生的职业道德和职业能力培养贯穿于整个教育教学的始终,构建基于路桥建设工作过程导向课程体系,开发融入职业道德及岗位工作标准的工学结合核心课程,结合黑龙江省寒区特点,采取季节分段的工学交替教学方式,校企共同培养满足路桥施工一线的技术与管理岗位扎实工作的具有可持续发展能力的高端技能型专门人才;为了更加有效地实施该人才培养模式,制定了融入路桥企业职业标准及岗位工作要求的10门核心课程的课程标准,采取任务驱动的教学做一体化教学模式进行教学。

而教材建设作为教学条件中教学资源建设的重要组成部分,既是教学资源建设的关键,又是资源建设的难点。为此,学院组成了各重点专业教材编审委员会。道路桥梁工程技术专业教材编审委员会由职业教育专家、企业专家、专业核心课教师和公共核心课教师组成,历经三年多的不断改革与实践,编写了本套工学结合特色教材,由中国铁道出版社出版,为更好地推进国家骨干院校建设做出了积极贡献。

本套教材完全摆脱了以往学科体系教材的体例束缚,其特点如下:

1.本套教材主要按照核心课程的教学模式改革要求进行编写,全部以真实的工作任务为载体,配合任务驱动教学做一体化的教学模式。

2.本套教材的内容组织主要按照核心课程的内容改革要求进行编写,所有工作任务都是与施工企业专家和工程技术人员共同研究确定,选取具有典型效果的工程案例,形成了独具特色的教材内容。

3.本套教材均采用相同的体例编写,同时采用了与任务驱动教学模式配套的六步教学法:

(1)完全打破了传统的知识体系的章节结构形式,采用全新的以路桥工程技术与管理人员的工作任务为载体的任务结构形式,设计了每项任务的任务单;

(2)教材中为培养学生的自主学习能力,设计了每项任务的资讯单和信息单;

(3)在信息单中,为学生顺利完成工作任务提供了大量的真实工程案例,各种解决方案,注重学生的计划能力和决策能力的培养,并设计了每项任务的计划单和决策单;

(4)教材中突出任务的实践性,注重学生的职业能力培养,设计了每项任务的实施单和作业单;

(5)在教材中设计了检查单和评价单,改革了传统的考核方式,采取分小组评价、个人评价和教师评价相结合的多元化评价方式,以过程考核为主,每个任务的各个环节均设有评价分值;

(6)为了使每名学生在完成任务后,都能够对自己的工作有个总结和反思,设计了教学反馈单。

总之,本套教材按照与学习领域课程体系、任务驱动教学模式、六步教学法及多元化考核评价方式等相对应的全新的教材体例编写而成。在本套教材的编写过程中,得到了合作企业及行业专家的大力支持,在此,表示由衷的感谢!由于教材实践周期较短,还不够完善,如有错误和不当之处,敬请专家、同仁批评指正。希望本套教材的出版,能为我国高职教育的发展做出应有的贡献。

哈尔滨职业技术学院道路桥梁工程技术专业
教材编审委员会
2013 年 8 月

本 书 编 写 组

主　　编：杨化奎（哈尔滨职业技术学院）

副 主 编：任村茂（哈尔滨市公路工程处）

参　　编：王天成（哈尔滨职业技术学院）

　　　　　葛贝德（哈尔滨职业技术学院）

　　　　　王瑞雪（哈尔滨职业技术学院）

　　　　　赵明微（哈尔滨职业技术学院）

　　　　　吴丽萍（哈尔滨职业技术学院）

　　　　　宋文明（龙建路桥股份有限公司）

主　　审：程　桢（哈尔滨职业技术学院）

　　　　　张　学（哈尔滨市公路工程处）

前　言
FOREWORD

《寒区路桥工程施工技术》这门课程是在积极推进职业教育改革、探索校企合作、工学结合的人才培养模式下,按照企业需求构建的基于路桥工程施工过程的课程体系下结合地域特点开设的一门专业核心课程。

从学生毕业后从事的岗位工作情况来说,目前毕业生90%以上都在本省就业,由于本地区特有的高寒气候条件决定了从事路桥工程施工工作必须要掌握一定的低温施工技术,养成在艰苦环境下从事施工工作的职业素养。因此,为适应岗位工作需要而开设《寒区路桥工程施工技术》课程成为一种必然。

目前国内其他本科、高职院校均未单独开设本门课程。本门课程的内容都是在其他课程中进行部分体现,教师和学生对此部分内容均不够重视,学生对于寒区施工技术掌握程度不一,工作中实际运用能力不足,毕业生很难适应特殊要求,因此,本门课程改革就是结合地区特点,充分考虑道路桥梁工程技术在低温环境下施工的技术要求,使学生在实践操作过程中掌握必备的知识、能力和素质。

本教材认真坚持"以综合素质培养为基础,以能力培养为主线"的指导思想,紧紧围绕人才培养目标,结合本地区特点,按照寒区路桥工程施工工作导向构建学习领域,依据本岗位从事的典型工作任务对职业能力的需求确定学习领域的课程内容,确定教材的知识点、技能点和素质要求点,并注重对学生自学能力、创新精神和实践技能的培养。

教材内容涉及寒区路基工程、路面工程及桥涵工程施工实践等方面5个学习情境,10个工作任务。具体内容包括学习情境一多年冻土地区路桥施工、学习情境二翻浆地段路基施工、学习情境三涎流冰地段路基施工、学习情境四寒区路面工程施工及学习情境五桥涵构造物冬期施工等,并配有真实的工程实践案例组织教学,使学生在掌握常规的路桥施工技术同时,还能够结合本地区冬季寒冷气候特点,组织路桥工程施工与质量管理,并且在工程出现病害时,能够合理进行处治。

根据课程内容特点采取任务驱动教学模式。通过调研确定学生工作岗位的实际工作任务,分析选择出有代表性的工作任务组织到教学中。通过完成真实的工作任务,使学生学会寒区路桥施工知识,掌握寒区路桥病害处治和养护方法。

从教学的实际需要出发,将传统教学手段与现代教学技术结合运用,让学生通过视频、图片等增强感性认识,使学生得到认知训练,再通过校内仿真实训,提高学生实践能力。

本门课程采用过程性考核和结果性考核相结合的考核模式,其中过程性考核成绩占课程总成绩的 70%,结果性考核成绩占课程总成绩的 30%。过程性考核按照教学情境分别考核,考核成绩是各情境考核成绩的累计之和。考核过程由企业、教师和学生共同进行多元评价。结果性考核通过学期末集中考试或答辩方式进行。

本教材由哈尔滨职业技术学院杨化奎担任主编,负责教材统稿和定稿工作,并编写任务 1、任务 2、任务 5 及任务 7,由哈尔滨市公路工程处任村茂担任副主编,负责实践性内容的操作性审核,并与葛贝德共同编写任务 3,王天成编写任务 4,葛贝德编写任务 6,王瑞雪、吴丽萍编写任务 8,赵明微编写任务 9,葛贝德、宋文明编写任务 10。本书在编写过程中得到了哈尔滨职业技术学院副校长刘敏教授、教务处长孙百鸣教授、建筑工程学院院长程桢教授及哈尔滨市公路工程处总工程师张学教授级高级工程师的大力支持和悉心帮助,并由程桢教授和张学教授级高级工程师亲自担任主审,提出了很多宝贵意见和建议,在此深表感谢。

由于本门课程开设时间较短,目前尚无成型经验和成套资料可供借鉴,加之我们水平有限且时间仓促,书中肯定存在纰漏和错误之处,在此,我们恳请读者不赐教诲,多提宝贵意见,以便我们不断完善和改进。

编　者

2013 年 6 月

目　录
CONTENTS

学习情境 一

多年冻土地区路桥施工

学 习 指 南

学习目标

学生在教师的讲解和引导下,明确工作任务的目的和实施中的关键要素,通过学习冻土的定义和分类,掌握土的冻胀机理和影响因素,能够借助工具软件、设计文件及相关资料找到完成任务所需的工具、材料、方法,能够完成"路线设计与路基设计"和"施工与养护"两项工作的内容报告。要求在学习过程中培养和锻炼职业素质,掌握在特殊环境下从事路桥工程施工的基本技能。

工作任务

1. 冻土地区路线设计与路基设计。
2. 冻土地区路基施工与养护。

学习情境的描述

根据多年冻土地区路桥工程结构与施工特点,选取了"路线设计与路基设计"、"路基施工与养护"两个工作任务作为载体,使学生通过真实的工程训练掌握在多年冻土地区从事路桥工程建设相关技术。学习的内容与组织如下:掌握冻土的定义与分类、土的冻胀机理与影响因素、路线设计原则与要点、路基设计原则与要点,通过对冻土地区路堤、零填、低填及路堑路段进行路基填筑训练,掌握路基工程有关施工方法和有关养护方法;根据工程图纸,能够借助设计文件及资料找到完成任务所需的工具、材料、方法,能够完成"冻土地区路基施工"工作任务的技术方案报告,使学生能够掌握多年冻土地区路桥工程施工技术。

任务1 冻土地区路线设计与路基设计

任 务 单

学习领域	寒区路桥工程施工技术		
学习情境	多年冻土地区路桥施工	学时	12
工作任务	冻土地区路线设计与路基设计	学时	6
布置任务			
工作目标	1. 了解冻土的定义及其分类 2. 掌握土冻胀的机理与影响因素 3. 学会冻土地区路线设计内容 4. 学会冻土地区路基设计内容		
任务描述	冻土现象是冻土地区特有的不良地质现象,是由冻结和融化两种作用所引起。某些细粒土层在冻结时,往往会发生土层体积膨胀,使地面隆起成丘,即所谓冻胀现象。土层发生冻胀的原因,不仅是由于水分冻结成冰时其体积要增大9%的缘故,更主要是由于土层冻结时,周围未冻结区土中水分会向表层冻结区迁移集聚,使冻结区土层中水分增加,冻结后的冰晶体不断增大,导致土体积随之发生膨胀隆起。冻土的冻胀会使路基隆起,使柔性路面鼓包、开裂,使刚性路面错缝或折断;冻胀还使修建在其上的建筑物抬起,引起建筑物开裂、倾斜、甚至倒塌。 具体任务要求: 1. 冻土地区路线设计原则及要点 2. 冻土地区路线纵断面设计原则及要点 3. 冻土地区路线设计有关资料要求 4. 多年冻土地区路基设计原则及要点		

学时安排	资讯	计划	决策	实施	检查	评价
	1 学时	0.5 学时	0.5 学时	3 学时	0.5 学时	0.5 学时

提供资料	[1] JTG D20—2006 公路路线设计规范. [2] JTG D30—2004 公路路基设计规范. [3] JTG B01—2003 公路工程技术标准. [4] JTG/T D31—04—2012 多年冻土地区公路设计与施工技术细则. [5] 王海春. 特殊地区公路. 北京:人民交通出版社,2006. [6] 徐玫. 山区公路路基施工技术. 哈尔滨:哈尔滨工业大学出版社,2000.

对学生的要求	1. 掌握道路工程设计基本知识 2. 掌握路基常见的结构形式 3. 掌握路基工程常规施工方法 4. 必须会读识路桥工程图 5. 按学习目标完成相关任务内容 6. 必须具有团队合作的精神,以小组的形式完成工作任务 7. 严格遵守课堂纪律和工作纪律,不迟到,不早退,不旷课 8. 应树立职业意识,按照企业的岗位职责要求自己 9. 本项目工作任务完成后,需提交学习体会报告,要求另附

资 讯 单

学习领域	寒区路桥工程施工技术		
学习情境	多年冻土地区路桥施工	学时	12
工作任务	冻土地区路线设计与路基设计	学时	6
资讯方式	在图书馆、专业期刊、互联网及信息单上查询问题;咨询任课教师		
资讯问题	1. 冻土的定义及分类是什么?		
	2. 多年冻土地区地下水分类?		
	3. 冻胀的原因?		
	4. 影响冻胀因素?		
	5. 多年冻土现象对工程危害有哪些?		
	6. 选线的原则和要点有哪些?		
	7. 路线纵断的设计原则和要点有哪些?		
	8. 路线设计对资料的要求有哪些?		
	9. 路基设计原则和要点是什么?		
资讯引导	1.《公路路线设计规范(JTG D20—2006)》、《公路路基设计规范(JTG D30—2004)》、《多年冻土地区公路设计与施工技术细则(JTG/T D31—04—2012)》 2. 王海春. 特殊地区公路. 北京:人民交通出版社,2006. 3. 徐玫. 山区公路路基施工技术. 哈尔滨:哈尔滨工业大学出版社,2000. 4. 曹永先. 道路工程施工. 北京:化学工业出版社,2010.		

信 息 单

1.1 寒区相关知识学习

1.1.1 寒区工程概况

我国地域辽阔,地理、地质、地貌和自然环境等情况特别复杂,全国各省、市、自治区都有特殊的地形、气候、水文与水文地质、地质条件和植物覆盖。从岩土工程的角度讲,湿陷性黄土、风砂土(沙漠)、多年冻土、软土、盐渍土及膨胀土等都是属于特殊的土。在特殊岩土地区修筑公路,许多特殊问题需要认真研究解决。尤其是我国东北部分布着大面积多年冻土,因此,了解多年冻土地区分布、气候与水文、地质与地貌特征和主要影响因素有着十分重要的意义。

1. 分布

中国冻土可分为季节冻土和多年冻土。季节冻土占中国领土面积1/2以上,其南界西从云南章风,向东经昆明、贵阳,绕四川盆地北缘,到长沙、安庆、杭州一带。季节冻结深度在黑龙江省南部、内蒙古东北部、吉林省西北部可超过3 m,往南随纬度降低而减小。多年冻土分布在东北大小兴安岭;西部阿尔泰山、天山、祁连山及青藏高原等地,总面积约为全国陆地面积的1/5。

2. 气候水文

冻土地区在全国分布较广,主要有东部冻土大区、西北冻土大区、西南(青藏高原)冻土大区。东部冻土大区,年平均气温26.8 ℃~ −14.0 ℃,年降水量140~3 000 mm,最大冻土深度0.02~4 m,年平均地温0~ −4.2 ℃;西北冻土大区,年平均气温13.9 ℃~ −10 ℃,年降水量40~1 000 mm,最大冻土深度0.6~5 m,年平均地温0~ −20 ℃;西南(青藏高原)冻土大区,年平均气温17 ℃~ −10 ℃,年降水量29~1 667 mm,最大冻土深度0.08~2.81 m,年平均地温0~ −10 ℃。

3. 地质与地貌特征

在冻土地区由地表冻融作用形成的地貌,常具有形态小、类型多的特点,有些形态十分奇特,主要有石海、石河、冻胀丘、热融沉陷、融冻泥流、构造土等。

(1)石海,是在平缓的山顶或山坡,基岩经寒冻风化在原地形成的大片碎石或角砾的堆积地貌,多发育在富有节理的花岗岩、玄武岩等岩性坚硬的地区;

(2)石河,指集中在山坡沟槽中的冻融风化岩屑堆积体,在冻融和重力作用下,碎石可徐徐向下蠕移;

(3)冻胀丘,指由冻胀作用形成的地面局部隆起地形,由于不均匀的地下聚冰作用,地下常常形成冰透镜体,并使地面隆起,其长可达数米至数十米,高几十厘米至几十米,多见于水分和细粒物质较多的平原地区;

(4)热融沉陷,是由气候转暖或人为因素引起冻土中的冰体融化,造成地面的局部沉陷,可形成热融洼地;

(5)融冻泥流,指坡地上较细的物质,在下层冻结而表层融化的情况下,融化层被水浸湿,由于重力作用沿坡向下蠕流,在斜坡上可形成许多舌状的台阶和坡坎;

(6)构造土,指由冻裂作用和冻融分选作用形成的网格状地面,包括多边形土、石环、石带等。

在长期的冻融作用下,还可形成高夷平台地和大面积的冻融剥夷地形。

中国多年冻土又可分为高纬度多年冻土和高海拔多年冻土,前者分布在东北地区,后者分布在西部高山高原及东部一些较高山地(如大兴安岭南端的黄岗梁山地、长白山、五台山、太白山)。

(1)东北冻土区为欧亚大陆冻土区的南部地带,冻土分布自北而南具有明显的纬度地带性规律,分布的面积减少。本区有宽阔的岛状冻土区(南北宽200~400 km),其热状态很不稳定,对外界环境因素改变极为敏感。东北冻土区的自然地理南界变化在北纬46°36′~49°24′,是以年均温0 ℃等值线为轴线摆动于0 ℃和±1 ℃等值线之间的一条线。

(2)在西部高山高原和东部一些山地,一定的海拔高度以上(即多年冻土分布下界)才有多年冻土出现。

冻土分布具有垂直分带规律,如祁连山热水地区海拔 3 480 m 出现岛状冻土带,3 780 m 以上出现连续冻土带;而在青藏公路途经的昆仑山上,岛状冻土带分布于海拔 4 200 m 左右,连续冻土带分布于 4 350 m 左右。青藏高原冻土区是世界中、低纬度地带海拔最高(平均 4 000 m 以上)、面积最大(超过 100 万 km²)的冻土区,其分布范围北起昆仑山,南至喜马拉雅山,西抵国界,东缘至横断山脉西部、巴颜喀拉山和阿尼马卿山东南部。在上述范围内有大片连续的多年冻土和岛状多年冻土。在青藏高原地势西北高、东南低,年均气温和降水分布西北低、东南高的总格局影响下,冻土分布面积由北和西北向南和东南方向减小。高原冻土最发育的地区在昆仑山至唐古拉山南区间,本区除大河湖融区和构造地热融区外,多年冻土基本呈连续分布。往南到喜马拉雅山为岛状冻土区,仅藏南谷地出现季节冻土区。

中国高海拔多年冻土分布也表现出一定的纬向和经向的变化规律。冻土分布下界值随纬度降低而升高,二者呈直线关系。冻土分布下界值中国境内南北最大相差达 3 000 m,除阿尔泰山和天山西部积雪很厚的地区外,下界处年均气温由北而南逐渐降低(−3 ℃ ~ −2 ℃)。西部冻土下界比雪线低 1 000 ~ 1 100 m,其差值随纬度降低而减小。东部山地冻土下界比同纬度的西部高山一般低 1 150 ~ 1 300 m。

4. 影响冻土分布的区域性因素

影响冻土分布的区域性因素很多。青藏高原沿活动断裂常形成融区(道),这些融区将连续冻土切割成片状。坡向和坡度的差别,往往使山地冻土具有明显的非对称性,如在西部高山高原,南北坡冻土下界相差 200 ~ 400 m。

温度与厚度。中国多年冻土属于温度较高、厚度不大的多年冻土。东北地区多年冻土的年均温度(指地温年变化层底部的温度)大多在 −1.5 ℃ ~ 0,最低 −4.2 ℃;纬度降低 1°,年均地温升高 0.5 ℃ 左右;地温年变化深度 12 ~ 16 m。冻土厚度亦随纬度降低而减小,最厚达 100 m,大多在 50 m 以下。低洼处冻土比高处温度低、厚度大,有别于一般随地势增高冻土温度降低和厚度增大的特点,这是东北冻土的典型特征。在西部高山、高原冻土区,海拔每升高 100 m,冻土温度降低 0.6 ℃ ~ 1.0 ℃,厚度增加 10 ~ 30 m 不等;地温的纬向变化与东北大致相同;年均温度最低 −5 ℃ ~ −4 ℃,厚度达 100 ~ 200 m;地温年变化深度由 6 ~ 17 m 不等;南北坡年均地温差 2 ℃ 左右,冻土厚度 50 ~ 80 m,细颗粒冻土层温度比粗颗粒土低,在高原上要差 1 ℃ ~ 3 ℃。

季节冻结与融化。按年均地温分类,中国多年冻土区的季节冻结和融化应属过渡、半过渡及长期稳定类型,对于东北区以前两者为主,对于西部冻土区以后两者为主。

季节融化层大多与多年冻土层相衔接,在多年冻土南界和下界附近及冻结层上水冻不透的地段会出现不衔接。最大季节融化深度在细颗粒土中为 0.5 ~ 2.5 m,东北和西部冻土区相差无几,但在基岩裸露的山坡和山顶,东北达 8 ~ 10 m,西北高原上只有 3 ~ 4 m。季节冻结层主要分布在融区内,最大冻结深度 2 ~ 8 m 不等。季节冻结和融化层与冻结层上水之间有密切的、特殊的动力联系,是冻土区各种冻土现象的发育、工程建筑物冻害及北方许多农田春涝产生的直接原因。

5. 地下冰

中国多年冻土层中地下冰分布广泛。其分布也呈现一定的地带性规律,随年均地温降低,土的含冰量和地下冰厚度有增加的趋势。但其地域分异规律却受地形、岩性和含水率等区域因素制约。在植被茂密、地表潮湿的缓阴坡(青藏公路沿线坡度小于 10°)和山间洼地,含水率很大的湖相沉积和坡积(包括泥流堆积)粉、黏粒为主的细颗粒土或泥炭层中,常发育有厚度几十厘米至六七米的厚冰层,顶面大多平行地面,埋深与最大季节融化深度几乎一致(几十厘米至一两米)。水平厚冰层主要发育在地温年变化层之内,往下迅速变薄。成因类型有分凝冰、胶结—分凝冰,前者发育在后生型冰土层中,后者形成于后生、共生兼有的复式冻土层中。在冻胀丘中发育有侵入冰和分凝冰。在砂卵砾石层及碎屑层中,地下冰多为胶结或胶结—分凝类型,常构成砾岩状构造冻土,间有层状、网状、包裹状构造冻土。在天山冰碛层中发育有厚达百米、含冰量很大且垂向分布均匀的共生冻土层。此外,天山的冰碛层里发现有埋藏冰,大兴安岭古石海中在苔藓层下即见块石间有地下冰。在基岩中地下冰常沿裂隙呈脉状分布,大兴安岭冰脉宽达 15 ~ 20 cm,延伸至地下 50 余米。中国冻土区至今尚未发现如西伯利亚和北美所见到的大型冰楔和冰脉。

多年冻土形成时代,中国多年冻土在晚更新世冰期时分布广泛,且规模较现代大。但对晚更新世以来的冻土形成存在不同意见。对于青藏高原,一种意见认为晚更新世冻土在全新世高温期已消融殆尽,现代冻土形成于新冰川期(距今 3 000 年);另一意见认为在高温期仅上部有过消融,新冰川期时冻土又有新的增长。对于东北区冻土,目前认识较倾向于高温期时上部冻土局部有过消融,局部地方可能融透,小冰期时又有增长。新老冻土叠加的冻土层与单一新冻土层(距今 3 000 年以来形成的)的界线,大致与现今大片连续冻土区南界相当。

1.1.2 寒区路桥工程概况

修建于 20 世纪 50 年代的青藏公路是我国冻土区公路的代表。青藏公路由南至北穿越冻土区 750 km,经常发生冻土破坏现象。在铺砌了黑色路面之后,由于吸热量增多,导致路基地下冰融化,加剧了路面的破损。另外,由于全球气候转暖,冰河后退,以及受人为活动的影响,青藏高原多年冻土层已发生明显的退化。青藏公路虽经一期二期整治,但病害仍难以根治,路基主要病害有融沉、冻胀、波浪、纵裂、扭曲、反拱等,高路堤引起的次生病害及交通安全问题也不容忽视。路面主要病害有各种类型的裂缝(尤其是反射裂缝)、变形、坑槽、松散等(图 1.1 ~ 图 1.8)。

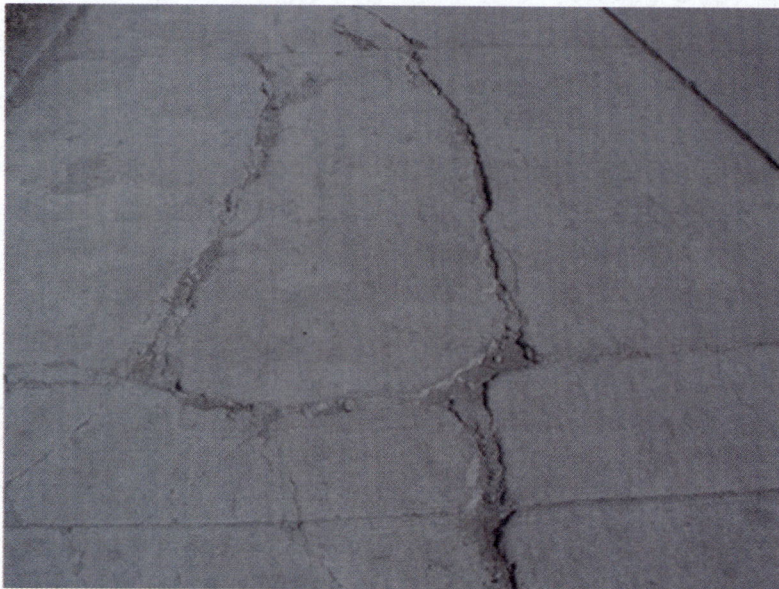

图 1.1 路基冻胀现象

图 1.2 路面冻胀现象

图 1.3 严重冻胀现象

图 1.4 严重冻胀现象

图 1.5 多年冻土地貌(一)

图1.6　多年冻土地貌(二)

图1.7　多年冻土断面(一)

图1.8　多年冻土断面(二)

目前,我国大量工程技术人员在重点冻土病害地段开展新技术、新工艺、新材料方面的课题研究;在路基、路面、桥涵等大项目工程方面进行试验研究,总结不同冻土地带的特性和工程设计原则,广泛借鉴和吸收国内外成功经验,采用通风路堤、热棒、隔热层等新技术、新材料、新工艺,有效解决了高海拔寒冷地带多年冻土公路的路基稳定问题。

多年冻土地区筑路需深入研究的问题有:路基路面结构温度场;路基变形机理及合理高度;路基路面综合设计;路基路面施工技术及质量控制;大温差、强辐射条件下路面材料组成设计方法;多年冻土地区筑路中的生态环境保护;冻胀力与冻结力对公路构造物的影响及工程措施等。为此,交通部西部交通建设科技项目管理中心,在2002年7月将"多年冻土地区公路修筑成套技术研究"列为重点项目,牵头单位为中交第一公路勘察设计研究院,主要参加单位有:中交第一公路勘察设计研究院、长安大学、青海省公路勘察设计院、吉林省公路勘察设计院、黑龙江公路交通科研所、交通部科学院和中国科学院寒区旱区环境与工程研究所等。

我国东北地区是传统的工业基地,随着振兴东北战略实施,近年来交通基础设施建设速度大大加快。在这些地区修筑公路(如北黑公路等),岛状多年冻土路段占了相当的比例,若不考虑多年冻土这一特殊地质条件,不考虑当地的气候特征与地质特点,不仅给公路建设本身带来极大困难,也将使建成的公路产生严重破坏,行车安全受到威胁。

1.1.3　东北寒冷地区公路现状

东北多年冻土地区以前主要以林区林业砂石路为主,突出病害是涎流冰、沉陷,许多涎流冰都在修筑公路后产生,主要是由于公路的修建阻止了冻结层上水的通道,水流从薄弱处冒至地表,进而蔓延至路面,砂石路的沉降变形也十分严重。因此,近年来,东北地区开始修建高等级公路,穿越岛状多年冻土地区的路线偏多。如黑大公路、G301国道,加格达奇至漠河公路,铁力至伊春公路,鹤岗至伊春公路,伊春至五营公路,拉不达林至莫尔道嘎公路等。这些公路沿线发生的主要病害也是涎流冰和沉降变形。

在修筑黑北公路时,对不同路基形式采取不同的断面设计和不同的防护措施。在路基设计时一般采用保护多年冻土的设计原则,即采用有效的保温措施并使路堤保持其最小的临界高度,使路基建成后其基底的人为上限能控制在一定深度内,保护路基下的多年冻土面不被融化,从而防止公路工程由于冻土融化而产生的病害。通过实践,针对岛状多年冻土路基设计及施工防护措施如下:

(1)采用清基回填与不清基直接填筑砂砾垫层,采用塑料插板排水固结方案;

(2)采取有效的保温措施,如在路基边坡设置保温护道,在路基中铺设保温材料等,维护道路的稳定;

(3)为防冻害,可采用边坡保温,加固边沟,加大纵坡,放缓边坡和草皮加固及支挡等措施加以防护。

1.2　冻土地区路线设计与路基设计

1.2.1　冻土的概念及其冻胀机理

1. 冻土的定义

冻土一般是指温度在0℃或0℃以下,并含有冰的各种岩土和土壤。温度在0℃或0℃以下,但不含冰的岩土和土壤称作寒土。寒土又可分为不含冰和重力水的干寒土,以及不含冰但含负温盐水或卤水的湿寒土。在自然界中情况要复杂得多,作为冻土层或冻土区整体来说,既包含冻土本身,也包括寒土在内。所以冻土区是指不论岩土中是否含有冰,岩土温度在0℃或0℃以下的那部分地壳。岩土温度为正温的称作非冻土,非冻土中曾经处于冻结状态的岩土称为融土。

2. 冻土的分类

(1)多年冻土按其状态分类。

①坚硬冻土:土粒被冰牢固胶结,在荷载作用下,具有一定的脆性和不可压缩性。砂土和黏性土的温度低于一定数值时,便成坚硬冻土。

②塑性冻土:土粒被水胶结,含有一定量的未融冰水,在荷载作用下可以压缩,其温度比坚硬冻土高。

③松散冻土:土中含水率很低,没有被冰胶结的砂土和大块碎石土均属此类。当冻土融化时,其力学性质基本上不会发生变化,也不会出现沉陷。

(2)多年冻土地区地下水的分类

①层上水:指上限界面以上的地下水。

②层间水:指多年冻土层内局部融区的地下水。

③层下水:指多年冻土层以下的地下水。

(3)多年冻土按含冰量分类

多年冻土按含冰量可分为少冰冻土、多冰冻土、富冰冻土、饱冰冻土。道路工程中高含冰量冻土是指富冰冻土、饱冰冻土和含土冰层的总称。

3. 冻胀的机理与影响因素

(1)冻胀的原因。土发生冻胀的原因是因为冻结时土中水分向冻结区迁移和积聚的结果。土中水分的迁移是怎样发生的呢? 解释水分迁移的学说很多,其中以"结合水迁移学说"较为普遍。

土中水可分为结合水与自由水两大类。结合水又根据其所受分子引力的大小可分为强结合水与弱结合水;自由水也可分为重力水与毛细水。重力水在 0 ℃冻结,毛细水因受表面张力的作用其冰点稍低于0 ℃;结合水的冰点则随着其受到的引力增加而降低,弱结合水的外层在 −0.5 ℃时冻结,越靠近土粒表面其冰点越低,弱结合水要在 −20 ℃ ~ −30 ℃时才全部冻结,而强结合水在 −78 ℃仍不冻结。

当大气温度降至负温时,土层中温度也随之降低,土孔隙中的自由水首先在 0 ℃时冻结成冰晶体。随着气温的继续下降,弱结合水的最外层也开始冻结,使冰晶体逐渐扩大,这样使冰晶体周围土粒的结合水膜减薄,土粒就产生剩余的分子引力。另外,由于结合水膜的减薄,使得水膜中的离子浓度增加(因为结合水中的水分子结成冰晶体,使离子浓度相应增加),这样就产生渗附压力(即当两种水溶液的浓度不同时,会在它们之间产生一种压力差,使浓度较小溶液中的水向浓度较大的溶液渗流)。在这两种引力作用下,附近未冻结区水膜较厚处的结合水,被吸引到冻结区的水膜较薄处。一旦水分被吸引到冻结区后,因为负温作用,水即冻结,使冰晶体增大,而不平衡引力继续存在。若未冻结区存在着水源(如地下水距冻结区很近)及适当的水源补给通道(即毛细通道),能够源源不断地补充被吸引的结合水,则未冻结区的水分就会不断地向冻结区迁移积聚,使冰晶体扩大,在土层中形成冰夹层,土体积发生隆胀,即冻胀现象。这种冰晶体的不断增大,一直要到水源的补给断绝后才会停止。

(2)影响冻胀的因素。从上述土冻胀的机理分析中可以看到,土的冻胀现象是在一定条件下形成的。影响冻胀的因素有下列三个方面。

①土的因素。冻胀现象通常发生在细粒土中,特别是粉土、粉质亚黏土和粉质亚砂土等,冻结时水分迁移积聚最为强烈,冻胀现象严重。这是因为这类土具有较显著的毛细现象,毛细上升高度大,上升速度快,具有较通畅的水源补给通道。同时,这类土的颗粒较细,表面能大,土粒矿物成分亲水性强,能持有较多结合水,从而能使大量结合水迁移和积聚。相反,黏土虽有较厚的结合水膜,但毛细孔隙很小,对水分迁移的阻力很大,没有通畅的水源补给通道,所以其冻胀性较上述粉质土为小。

砂砾等粗颗粒土,没有或具有很少量的结合水,孔隙中自由水冻结后,不会发生水分的迁移积聚,同时由于砂砾的毛细现象不显著,因而不会发生冻胀。所以在工程实践中常在地基或路基中换填砂土,以防治冻胀。

②水的因素。前面已经指出,土层发生冻胀的原因是水分的迁移和积聚。因此,当冻结区附近地下水位较高,毛细水上升高度能够达到或接近冻结线,使冻结区能得到外部水源的补给时,将发生比较强烈的冻胀现象。这样,可以区分为两种类型的冻胀:一种是冻结过程中有外来水源补给的,叫做开敞型冻胀;另一种是冻结过程中没有外来水源补给的,叫做封闭型冻胀。开敞型冻胀往往在土层中形成很厚的冰夹层,产生强烈冻胀;而封闭型冻胀,土中冰夹层薄,冻胀量也小。

③温度的因素。如气温骤降且冷却强度很大时,土的冻结面迅速向下推移,即冻结速度很快。这时,土中弱结合水及毛细水来不及向冻结区迁移就在原地冻结成冰,毛细通道也被冰晶体所堵塞。这样,水分的迁移和积聚不会发生,在土层中看不到冰夹层,只有散布于土孔隙中的冰晶体,这时形成的冻土一般无明显的冻胀。

如果气温缓慢下降,显然冷却强度小,但负温持续的时间较长,会促使未冻结区水分不断地向冻结区迁移和积聚,在土中形成冰夹层,出现明显的冻胀现象。

上述三方面的因素是土层发生冻胀的三个必要条件。因此,在持续负温作用下,地下水位较高处的粉砂、粉土、亚黏土、轻亚黏土等土层常具有较大的冻胀危害。但是,我们也可以根据影响冻胀的三个因素,采取相应的防治冻胀的工程措施。

1.2.2　路线与路基设计

1. 选线的原则及要点

(1)路线通过山坡时,宜选择在平缓、干燥、向阳的地带。这里的多年冻土埋藏较深,埋藏的冰较少,稳定性好。在积雪地区,路线应选择在积雪轻微的山坡上。

(2)沿大河河谷定线,宜选择在阶地或大河融区。但是,应避免在融区附近的多年冻土边缘地带定线,当路线必须穿过冻土时,应以较短的距离通过多年冻土地带。

(3)路线宜选择土质良好的地带通过,并应尽量靠近取土地点,以及砂、石和保温材料产地。

(4)路线应尽可能避免通过不良地质地段。如必须通过时,在厚层地下冰和冻土沼泽地段,路线宜从较窄、较薄且埋藏较深处通过;在热融滑坍、冰丘、冰锥地段,路线宜在下方较高处通过。在热融湖(塘)地段,路基高度要考虑最高水位、波浪侵袭高度及路堤修筑后的壅水高度等因素。

(5)多年冻土地区路基应尽量采用填方,尽可能避免挖方、零高断面或低填浅挖断面。如受条件限制时,亦要缩短零高断面、半填半挖及低填浅挖路段的长度。在饱冰冻土和厚层地下冰地段,应避免以挖方通过。

2. 路线纵断面设计的原则及要点

(1)线路纵断面一般以填为宜。在富冰冻土、饱冰冻土、含土冰层及地下冰地段,当采用保护多年冻土的原则时,路堤最小高度地区采用 1.5～2.0 m。在青藏高原采用 1.0～1.5 m。尽量避免或减少挖方、零高断面、低填浅挖和半填半挖地段。这些地段,因需考虑基底的保温或换填等处理工程,施工复杂,造价昂贵,故应尽量减少其长度。

(2)线路穿过热融湖(塘)时,路肩高程应高出最高水位再加波浪侵袭高度和路堤修筑后的壅水高度以及安全高度 0.5 m,并应考虑湖(塘)底土层对路堤稳定性的影响。

(3)多年冻土沼泽地段,用黏性土填筑的路堤,为防止冻害,路堤高度一般在 3.0 m 左右,不能满足高度要求时,应采取处理措施。

3. 资料要求

(1)气象资料。

①一年中冻结和融化的期间;

②积雪的时间和厚度(历年来的平均值、最大值和最小值);

③年降水量,降雨季节;

④年平均气温、1 月平均气温、7 月平均气温、年最低气温和年最高气温;

⑤按大地貌单元收集多年冻土的多年地温资料。

(2)地质资料。

①地形特征、植被状况、路线方位和日照条件;

②季节冻融层的厚度、土的种类和融化后的潮湿程度;

③多年冻土层的成因、分布、构造、土质和含冰状况,多年冻土层的上限和下限;

④多年冻土不良物理地质地段起讫里程及平面分布范围;

⑤厚层地下冰的成因、厚度、埋藏深度和分布范围;

⑥热融滑坍、热融沉陷及热融湖(塘)发生热融变化的原因,发展阶段及地下冰的分布及暴露情况等。热融湖(塘)的地表排水条件及水位变化情况;

⑦对融冻泥流、寒冻堆塌及因热融产生的基底松软地段,也应收集必要的地质资料;

⑧冰锥的类型及规模,冰锥发育地段的冻土情况和水文地质情况;

⑨对冰丘及爆炸性充水鼓丘应查明成因,发生、发展的特点,变迁情况及积冰量等;

⑩沼泽的成因、类型与地表水和地下水的联系,冻土特征,埋藏深度,植物群落,泥炭和淤泥厚度及其含水率;

⑪渗水土、砂、石材料及保温材料的来源,蕴藏量和运输方法等。

(3)冻土的物理力学试验资料。

①物理试验:总含水率;天然容重;含冰率;塑性指数;质量热容量;导热系数;渗透系数。

②力学试验:抗剪强度;压缩试验。

上述资料可根据需要酌量增减。

4. 路基设计原则及要点

(1)多年冻土地区路基设计一般规定。

①多年冻土地区路基设计,应查明沿线多年冻土的分布、类型、冻土层上限及水文地质等情况。在冻土沼泽、冰丘、冰锥、热融湖(塘)地段修筑路基,应详细调查其范围、规模、发生原因及发展趋势。

②冻土沼泽(沼泽化湿地)、热融湖(塘)地段,应以路堤通过,路堤高度应高出沼泽暖季积水水位加毛细水上升高度加有害冻胀高度再加 0.5 m,且满足保温厚度的要求,通过较大的热融湖(塘),还需考虑波浪壅水的影响。

③路基填料设计应考虑冻结层上水的发育情况及填料的冻胀敏感性,有条件时应优先采用卵石土或碎石土作填料。严禁使用塑性指数大于 12、液限大于 32% 的细粒土和富含腐殖质的土及冻土。保温护道填料应就地取材,可采用泥炭、草皮、塔头草或细粒土。

④按工程环境特点和工程建设不同阶段,采用区段设计和场地设计相结合的原则。根据冻土的类型及年平均地温采用保护、一般保护和一般路基的设计原则。

⑤路基位于少冰冻土、多冰冻土地段,可按一般路基设计;位于富冰冻土、饱冰冻土、含土冰层地段,以及冰丘、冰锥、多年冻土沼泽、热融湖(塘)、地下水路堑地段,应进行特殊设计。

⑥路基设计应与路面结构设计综合考虑,减少路基过大变形或不均匀沉降引起路面的结构性破坏。

(2)高含冰量冻土地段路基。

①路堤的设计应计算地基的融化沉降量和压缩沉降量,并按竣工后的沉降量确定路基预留加宽与加高值。

②按保护或一般保护多年冻土的原则设计时,路堤最小填土高度不仅要满足防止冻胀翻浆的要求,而且必须保证冻土上限不下降。路堤也不宜过高,以防止路堤纵裂等再生病害。

③路堤较高时,可采用土工格栅或土工格室等加强措施。

④路堤高度不能满足保护冻土上限不变的最小高度时,可设置工业保温材料层。

⑤填挖过渡段、低填方地段应进行基础换填,换填厚度经热工计算确定,换填基底与挖方地段换填基底应顺接。采用卵砾石作为换填材料时,应在地面上设置复合土工膜防渗层,防止地表水渗入,防渗层顶面横坡不应小于 4% 。

⑥路堑边坡、基底根据冻土层的分布、坡面朝向、地温情况及填料的来源采用全部或部分换填处理,换填厚度应通过计算确定,边坡坡率不宜陡于 1:1.75。路堑堑顶应采用包角式断面形式,堑顶包角高程一般高出原地面 0.8 m,宽度为 1.0 m,外侧边坡坡率为 1:1.75,内侧边坡坡率与路堑边坡一致。

⑦当填方基底为饱冰细粒土或含土冰层,且地下冰层较厚时,可在边坡坡脚设置保温护道及护脚,并在填方基底设置保温层。保温设施可利用当地苔藓、草皮、塔头草、泥炭或黏质土等材料。

⑧不稳定多年冻土区的路基应根据冻土的分布、填料、路基填挖及地温的情况采用冷却地基、设置保温层等措施综合处理,保温层设置应根据热工计算确定。

高含冰量冻土厚度较小、埋藏较浅的地段,经技术经济比较后,也可采用清除高含冰量冻土的措施。以上措施仍不能保证路基稳定时,宜采用桥梁代替填土路基。

⑨不稳定多年冻土地段高含冰量冻土路基,宜采用土工合成材料加筋结构。

(3)不良冻土工程地质路段路基。

①位于冰锥、冻胀丘下方地段的路堤,应在其上方设排水沟,以截排冰锥、冻胀丘附近涌出的水流;对常

年性融区,并有较大的地下水流,应设保温渗沟,将地下水引到路堤以外,必要时设桥通过。

②位于冰锥、冻胀丘上方地段的路线通过方案应慎重采用。必须通过时,应在路堤上方坡脚外不小于20 m处设较深的排水沟和冻结沟。若存在冻结层下水,应设保温渗沟将地下水引排至路基以外。若积冰量很大,或有大量地下水横穿路基,且截排有困难时,宜设桥通过。

③路基通过融穿性湖(塘),当湖(塘)面积不大时,可抽干积水,换填砂砾或抛石挤淤;若湖(塘)面积较大,可设围堰抽干水,挖除基底松软土层,换填透水性材料。路堤宽度与高度应考虑预留沉落量,沉落量除考虑路基本体填土压实影响外,还需考虑基底土层压密沉降的影响。路基通过高含冰量冻土地段的湖(塘),应根据路基基底地层含冰情况,按上述第(2)条的要求办理。

④沼泽地段的路堤,应根据沼泽特点、积水深度、多年冻土类型,按照保护多年冻土的原则,并应采取加强排水、预留沉降、消除冻害的综合措施。

(4)路基排水。

①高含冰量冻土地段应避免修建排水沟、截水沟,宜修建挡水埝。挡水埝断面尺寸应通过计算确定,并采取防渗和保温措施,必要时应采取加固措施。

②在高含冰量冻土地段设计排水沟、截水沟时,应充分考虑冻土及冰层的埋藏深度,采用宽浅的断面形式,断面尺寸按计算确定。富冰冻土、饱冰冻土地段,排水沟、截水沟、挡水埝内侧边缘,至保温护道坡脚或堑顶、路堤坡脚(无保温护道)的距离不得小于5 m;含土冰层地段不得小于10 m。

③应根据地下水类型、水量、积水和地层情况,采用冻结沟、积冰坑、挡冰堤、挡冰墙或渗沟等措施,排除对路基有危害的地下水。

采用渗沟排除地下水时,渗沟及检查井均应采取保温措施。出水口的位置应选在地势开阔、高差较大、纵坡较陡、向阳、避风处,并采用掩埋式锥体或其他形式的保温措施。

路堑边坡有地下水出露时,必须将水引排,并应在边坡上采取保温措施。

(5)路堤设计。

①路基高度。在多年冻土地区,无论是按保护原则或是破坏原则设计的路段,其路基高度如同冬季冰冻地区一样,均需考虑防治冻胀、防治翻浆的要求。

按保护原则设计的含土冰层、饱冰冻土以及富冰冻土路段,则必须考虑上限不下降的要求。一般情况下,较好的解决办法是加大路基填土高度。为此,路基高度成为多年冻土地区路基设计的首要问题。

在兴安岭多年冻土地区,尚无详细资料可供计算路基临界高度与设计高度。

原铁道部第三勘测设计院建议的路堤最小填土高度见表1.1。

表1.1 路堤最小填土高度 （单位:m）

多年冻土类型	大片连续多年冻土	岛状融区多年冻土	岛状多年冻土
最小填土高度	1.5	2.0	2.0

该表所列数值可供铺设砂砾路面的公路参考。对铺设沥青路面的公路,尚需考虑里面热力影响导致的融深增加值。根据青藏公路和苏联的资料和经验,该项增加值主要与天然上限深度有关,天然上限深度越小,增加值越大。一般要较砂砾路面增大0.6~0.8 m,最大可达1.2~1.3 m。

②路基结构。这里只讲在含土冰层、饱冰冻土以及富冰冻土地段按保护原则设计的路堤结构。

对于平坦地段填土高度符合要求时:

a. 地表水文条件较好时,可用当地细粒土填筑路堤下部,上部须用粗粒土填筑,其厚度不小于0.5 m。

b. 地表水文条件较差时,宜用粗粒土填筑路堤。如用细粒土填筑,下部应设毛细水隔断层,其厚度在路堤沉落后应高出冻前水位0.5 m以上。

对于填土高度不符合要求时:

a. 厚层地下冰较薄且埋藏较浅时,可全部挖除换填,其结构如图1.9所示。换填选用保温、隔水性能较好的细粒土。

b. 厚层地下冰较厚时,可部分挖除换填,其结构如图1.10所示。换填选用保温、隔水性能较好的细粒土。应使换填深度与路堤高度之和 h_{md} 不小于 $(mh_c + h_n)$ 或保温层计算厚度的 $1.5 \sim 2.0$ 倍。

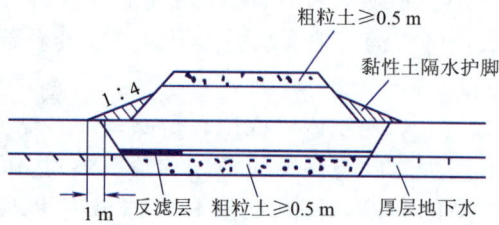

图 1.9 全部换填断面

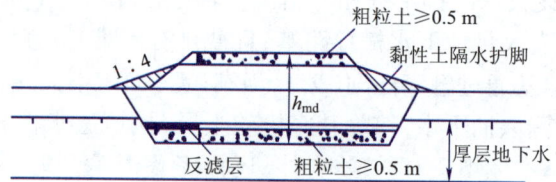

图 1.10 部分换填断面

设置保温护道、护脚：

a. 设置条件：厚层地下冰埋藏较浅，有可能热融，影响路堤稳定时；路侧人为活动频繁，破坏坡脚冻土，影响路堤稳定时。

b. 保温材料：采用泥炭、草皮、塔头草或黏性土等当地材料。采用泥炭时，表面应覆盖 0.2 m 厚的黏性土保护层，以防失火、冲毁与浸湿。采用草皮时，草根向上分层铺填，最外一层草根宜多带泥土，以便拍压成一护面。

c. 经验尺寸：大兴安岭地区设计保温护道、护脚的经验尺寸见表 1.2。

表 1.2 保温护道、护脚尺寸

路堤高度（m）	采用护道或护脚	高度（m）	宽度（m）
≤3	护脚	0.8	2.0
>3	护脚	1.0	2.0

d. 断面结构：大兴安岭地区所用保温护道、护脚的断面结构如图 1.11 和图 1.12 所示。

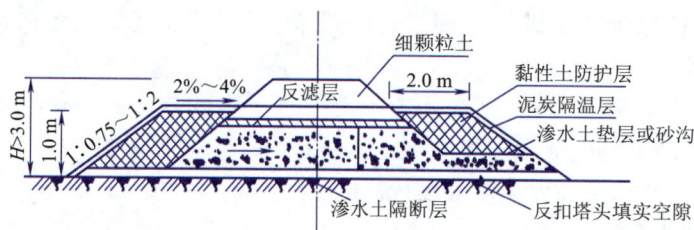

图 1.11 保温护道

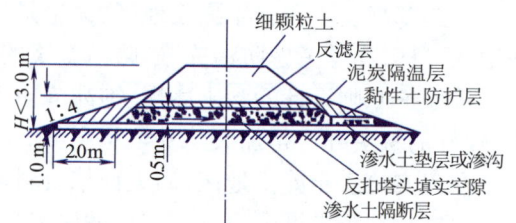

图 1.12 保温护脚

对于缓坡地段，在缓于 1:5 的斜坡地段，路基应设计成路堤形式。为避免基底厚层地下冰热融，基底不挖台阶，路基结构如图 1.13 所示。

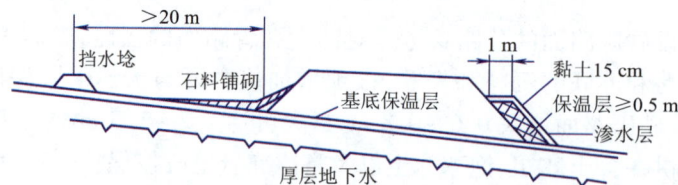

图 1.13 缓坡地段路基结构

③基底沉降计算。在多年冻土地区，路堤基底沉降是个突出问题。沉降往往较大，且历时较长，容易导致路面过早的变形破坏。

设计、施工良好路段的沉降量，主要发生在季节融化层内。设计、施工不当路段的沉降量，既发生在季节融化层内，也发生在天然上限下降后的多年冻土融化层内，而后者往往导致路基的不均匀沉降。

（6）路堑设计。富冰冻土、饱冰冻土及含土冰层地段的路堑，一般多采用基底部分或全部换填，以及坡面保温等措施。

①边坡：如用夯填泥炭、草皮或夯填黏土、草皮铺砌坡面时，边坡坡度用 $1:1.5 \sim 1:2.0$；当用叠砌草皮反扣塔头草铺砌坡面时，边坡坡度用 $1:1.0 \sim 1:1.5$。铺砌厚度均应满足保温层要求。

②基底：全部换填时，换填厚度及结构要求与路堤基底全部换填的情况相同；部分换填时，厚度要大于或等于铺厚度，结构要求与路堤基底部分换填的情况相同。

③边沟：均应有防渗措施。

④断面型式：如图 1.14、图 1.15 所示。

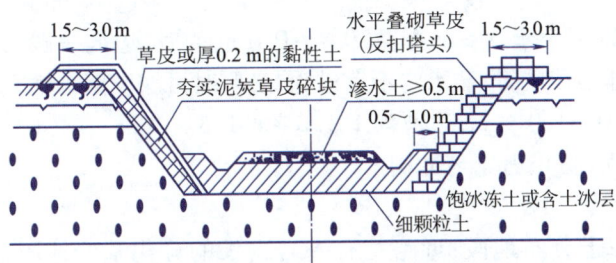

图 1.14　基底部分换填

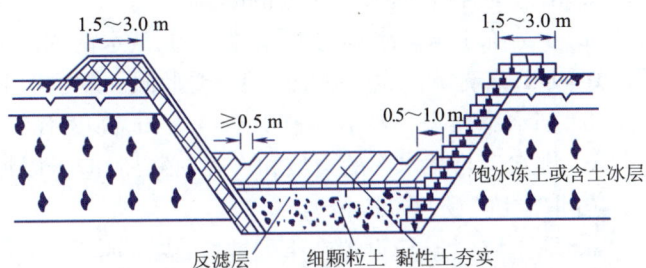

图 1.15　基底全部换填

当路堑边坡上局部埋藏有饱冰冻土或含土冰层时，可以拓宽路堑，将冰层全部清除，如图 1.16 所示。若全部清除工程量过大，不经济时，则可局部换填加固，如图 1.17 所示。

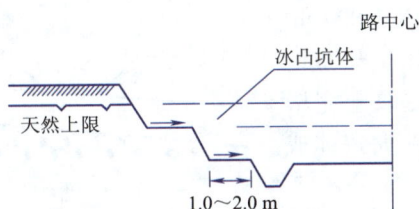

图 1.16　拓宽路堑示意图

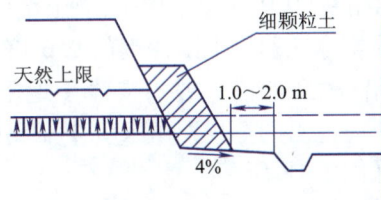

图 1.17　边坡局部换填加固

（7）保温层厚度的计算。

①保温材料。保温层的材料，要有良好的保温性能。由于在路基工程中使用数量较大，一般首先考虑选用草皮、泥炭等当地天然材料。黏性土若比原地面土保温性能好，亦可作为保温材料使用。必要时，也可采用矿藻土砖、石棉板、蛭石板、泡沫塑料、泡沫混凝土等预制的保温材料。

②保温要求。使路堑边坡多年冻土不融化；使路基面下多年冻土上限不再下降。

③厚度计算。

保温层厚度，可用下式计算：

$$h_T = k h_0 \tag{1.1}$$

式中：h_T——设计的保温层厚度，m；

k——安全系数，设计边坡保温层时，$k = 1.2 \sim 1.5$，设计路基面下保温层时，$k = 1.5 \sim 2.0$；

h_0——根据所采用的保温材料，将上限深度换算成该种保温材料的当量厚度。

（8）零断面与半填半挖路基设计。

①零断面路基设计。在厚层地下冰地段的零断面路基，其基底处理同路堑和填土高度不够的路堤，下挖换填的深度应不小于设计的人为上限 $h_{md} [m h_c + h_n$ 或 $(1.5 \sim 2.0) h_T]$。

②半填半挖路基设计。在厚层地下冰地段的半填半挖路基设计，挖方部分同路堑，填方部分同路堤。

（9）路基排水和取土坑设计。在多年冻土地区，良好的排水系统是保证路基稳定的重要措施。引起路堤基底人为上限大幅度下降、路堤严重下沉的原因，绝大多数是由于排水不良、坡脚积水、地表水下渗所致。

①排水系统与路基坡脚的距离。由于排水系统的修筑会破坏地表的天然覆盖，扩大外界气温的热力影响，引起多年冻层上限的下降，以致影响到沟渠的变形和路基的稳定。因此，排水系统与路基坡脚之间应保持一定的距离。

a. 在少冰冻土与多冰冻土地段,排水沟与路堤坡脚间的距离不应小于 2 m。

b. 在塔头草下部为泥炭、轻亚黏土等沼泽湿地地段,排水沟与路堤坡脚间的距离不应小于 10 m。

c. 在厚层地下冰地段,应避免修建排水沟和截水沟,以修建挡水埝为宜。挡水埝的位置距离路堑坡顶或路堤坡脚一般应大于 5 m;如修建排水沟,则排水沟与路堤坡脚间的距离应大于 10 m。

d. 当排水量较大时,在挡水埝的外侧应考虑设置截水沟。截水沟靠路线一侧的边缘距堑顶或路堤坡脚应不小于 10 m。如沟底为渗水土时,应以黏性土做隔水层,并根据需要采用草皮铺砌。

②排水沟、截水沟及挡水埝的断面。

a. 少冰冻土与多冰冻土地段,排水沟、截水沟的深度以不小于 0.6 m,底宽 0.4~0.6 m 为宜,边坡一般为 1:1.0~1:1.5,青藏高原少雨地带可不受此限。厚层地下冰地段的排、截水沟不宜过深,必要时可加设挡水埝。

b. 挡水埝顶宽一般不小于 0.5~1.0 m,高度不小于 0.6~0.8 m,边坡为 1:1.0~1:1.5。

c. 排水沟与截水沟的边坡和沟底,必要时应予以加固,防止坍塌与冲刷。

③取土坑(场)设计。

a. 取土坑(场)应设置在下列地段:少冰地段、多冰冻土分布地段;近路基有基岩露头的分化基岩地段;天然冻土上限大于 2.0 m 的地段;冻土区的融区、融道地段。

不具备上述条件而须就地取土时必须遵守:当路基坐落地段横向明显,只能在路基上方取土,严禁在下方挖掘,为防止融化泥流漫过路堤上侧的取土坑而影响路堤稳定时,可在取土坑与路堤间增设挡水埝。挡水埝的断面为梯形,顶宽不小于 1.0 m,高不小于 0.8 m,边坡坡度为 1:1.0~1:1.5。平坦地段可在路基两侧取土,但必须远离路基 20.0 m 集中取土,取土坑(场)大小以 1 000 m² 为宜,取土深度在富冰地段为上限深度的 0.6 倍,少冰多冰土分布地段为 0.9~1.0 倍;融区地段一般不得深于地下水位。在取土完毕后,应立即将取土时挖出的草皮回填入坑中靠路堤一侧,并大致铺成较完整的斜面,如图 1.18 所示。

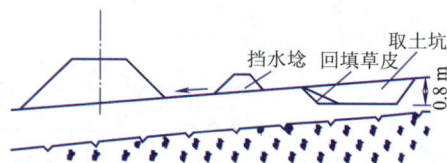

图 1.18 取土坑示意图

b. 下列地点严禁取土:厚层地下冰分布,且埋葬深度小于 1.5 m;植被发育的潮湿地;斜坡大于 12°富冰黏土分布地段。

1.3 小桥涵基础及结构形式选择

1.3.1 小桥涵基础确定

1. 多年冻土地基的基本承载力

多年冻土地基的基本承载力见表 1.3。

表 1.3 多年冻土地基的基本承载力 σ （单位:kPa）

序号	土的名称	基础底面的月平均最高气温				
		−0.5 ℃	−1.0 ℃	−1.5 ℃	−2.0 ℃	−3.5 ℃
1	块石土、卵石土、碎石土	800	950	1 100	1 250	1 650
2	圆砾石、角砾石、砾砂、粗砂、中砂	600	750	900	1 050	1 450
3	细砂、粉砂	450	550	650	750	1 000
4	黏砂土	400	450	550	650	850
5	砂黏土、黏土	350	400	450	500	700
6	饱冰冻土	250	300	350	400	550

注:①本标序号 1~5 类的基本承载力,适合于少冰冻土及多冰冻土,当序号 1~5 类的地基为富冰冻土时,表列数值降低 20%。

②含冰层的承载力应实际测定。

③基础置于饱冰冻土的土层上时,基础底面敷设厚度不小于 0.2~0.3 m 的沙垫层。

④表列数值不适用于含盐量大于 0.3% 的冻土。

2. 公路小桥涵基础入土深度的规定

根据《公路桥涵地基与基础设计规范》,桥涵基础的入土埋置深度应满足以下几点。

(1)当墩台基底设置在不冻胀土层中,基底埋深可不受冻深的限制。

(2)当上部为超静定结构的桥涵基础,其地基为冻胀性土时,均应将基底埋入冻结线以下不小于0.25 mm。

(3)当墩台基础设置在季节性冻胀土层中时,基底的最小埋置深度应按下式计算确定:

$$h = Z_0 m_t - h_d \tag{1.2}$$

式中:h——基础最小埋置深度(m),对于弱冻胀土和冻胀土的基底埋深,可根据标准冻深值 Z_0,从图1.19中查得;

Z_0——标准冻结深度,m;

m_t——标准冻深修正系数,可取1.15;

h_d——基底下容许残留冻土层厚度,m。

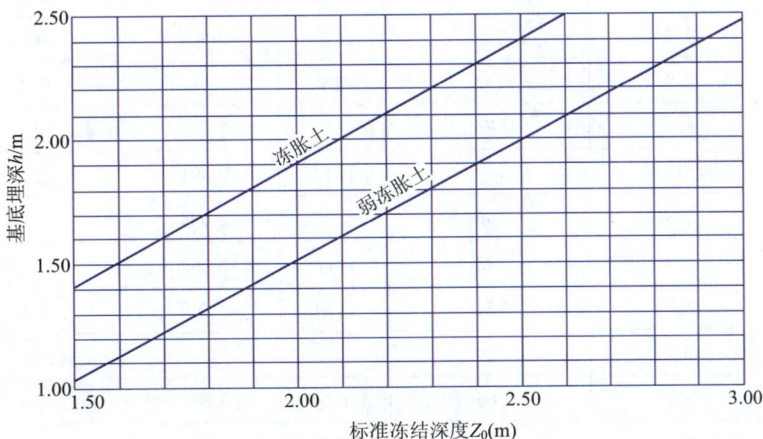

图1.19 标准冻结深度与基底埋深关系图

(4)涵洞基础设置在季节冻土地基上时,出入口和自两端洞口向内各2 m范围内涵身基底的埋置深度可按式(1.2)计算确定。涵洞中间部分的基础埋置深度与洞口埋深,可根据地区施工经验确定。严寒地区,当涵洞中间部分基础的埋深与洞口埋深相差较大时,其连接处应设置过渡段。冻结较深地区,也可采用将基底至冻结线处的地基土换填为粗粒土(包括碎石土、砂砾、粗砂、中砂,但其中粉黏土含量应小于或等于15%,或粒径小于0.1 mm的颗粒应小于或等于25%)的措施。

(5)小桥涵基础,在无冲刷处,除岩石地基外,应在地面或河床底下至少埋深1 m;如有冲刷,基底埋深应在局部冲刷线以下不少于1 m。

(6)小桥、涵洞的基础底面,如河床上有铺砌层时,宜设置在铺砌层顶面以下1 m。

3. 小桥涵基础入土深度的确定及建议值

下面以青海省为例介绍如何确定小桥涵基础入土深度。表1.4是青海省各县(市)海拔高度、年平均气温最大冻土深度统计表。

根据《公路桥涵地基与基础设计规范》的要求,小桥和涵洞、桥(涵)下河床要进行铺砌加固,不允许产生冲刷,因而小桥涵的基础入土深度是一个定值,是根据小桥涵所处路段的最大冻土深度而定的,见表1.5。但由于青海省的特殊地形和高寒气候:各州、县的气候和最大冻土深度变化大,各州、县的气象台、站又大都位于州府、县城,而公路是一条线,除经过州府、县城外,它还要翻山越岭、跨越河滩,因此完全套用气象台、站的统计数据,不能真实反映桥涵所处位置的实际情况,全国各地也存在类似情况。鉴于此,青海省根据多年从事小桥涵设计的经验,结合全省各地的实际情况,经综合分析给出了小桥、涵洞基础入土深度的建议值,见表1.5。

该值在近几年青海省公路科研勘测设计院测设工作中应用效果良好,它不仅保证了小桥涵的使用安全,同时避免了盲目加深桥涵基础入土深度而造成增大工程造价等不应有的损失。故在确定小桥涵基础入土深度时不应盲目套用各地的气象资料,而应根据各地的实际情况确定,这样可以节约工程成本,降低工程造价。

表1.4 青海省各县(市)海拔高度、年平均气温最大冻土深度统计表

县市	海拔高度(m)	年平均气温(℃)	最大冻土深度(m)	县市	海拔高度(m)	年平均气温(℃)	最大冻土深度(m)
西宁市				河卡	3 245	1.1	118
西宁	2 261	5.9	130	兴海	3 323	1.1	211
湟源	2 634	3.0	97	贵南	3 200	2.1	148
大通	2 450	2.8	108	同德	3 289	0.3	162
湟中	2 667	3.1	130	海北州			
海东地区				门源	2 850	0.5	>200
平安	2 114	7.8		托勒	3 367	−3.0	
互助	2 480	3.5	105	野牛沟	3 320	−3.8	301
乐都	1 979	7.0	84	祁连	2 787	0.7	250
民和	1 813	7.2	108	刚察	3 301	−0.6	288
化隆	2 834	2.2	143	海晏	3 080	0.3	181
循化	1 870	8.5	70	黄南州			
海西州				同仁	2 491	5.3	147
德令哈	2 981	2.8	196	尖扎	2 084	7.8	82
大柴旦	3 173	1.4	172	泽库	3 662	−2.2	>281
冷湖	2 733	2.7	154	河南	3 500	0.5	177
花土沟	2 944	1.4	229	玉树州			
乌兰	2 905	3.3	166	玉树	3 681	3.0	308
茶卡	3 087	1.6	146	治多	4 179	−1.6	196
都兰	3 191	2.8	201	杂多	4 068	0.3	229
香日德	2 905	3.9	253	曲麻莱	4 175	−2.4	257
诺木洪	2 790	4.5	119	清水河	4 415	−4.9	249
格尔木	2 807	4.6	88	昂久	3 643	3.9	>383
察尔汗	2 678	5.2	195	果洛州			
小灶火	2 757	3.5	87	大武	3 719	−0.5	246
五道梁	4 612	−5.6	永冻	玛多	4 272	−4.1	277
托托河	4 533	−4.3	永冻	中心站	4 211	−3.8	>200
海南州				甘德	4 050	−2.5	183
共和	2 835	3.5	133	达日	3 967	−1.1	238
江西沟	3 239	0.7	161	久治	3 628	0.3	132
贵德	2 237	7.2	113	班玛	3 750	2.6	119

表1.5 青海省冻土地区小桥、涵洞基础入土深度的建议值

分区名称	基础入土深度/m	市、县名称	附 注
东部农业区	1.50/2.00	西宁市及市属三县(大通、湟中、湟源)	
		海东地区六县(平安、互助、乐都、民和、化隆、循化)	
		海南州(共和、贵德)、黄南州(尖扎、同仁)	
农牧交错区	2.00/2.50	海南州(兴海、贵南、同德)、黄南州(泽库、河南)	不含祁连县的托勒地区
		海北州全州、海西州(不含唐古拉山地区)	

续上表

分区名称	基础入土深度/m	市、县名称	附 注
纯牧区	2.00/3.00	果洛州全州、玉树州全州	不冻胀土,入土深2.00 m;冻胀土,
		海北州祁连县的托勒地区	入土深2.00 m;基下换填0.5 m砂砾
多年冻土区	按"冻土"要求设计	格尔木市属唐古拉山地区,地勘证实为多年冻土的路段	

注:分母数字系指小桥基础入土深度,分子数字系指涵洞基础入土深度。

1.3.2 涵洞结构形式的选择

多年实践表明,正确选择涵洞类型对于减少涵洞病害、节省工程投资有重要意义。

1. 多年冻土区的涵洞应具备的基本条件

(1)具有能经受地基大变形及双向反复冻融变形的基础结构与洞身结构。

(2)构筑材料能经受长期反复冻融作用。

(3)便于快速施工,并在施工运行中尽量减少、减轻对多年冻土的扰动与破坏。

2. 涵洞结构形式选择原则

(1)多年冻土区的涵洞一般可采用钢筋混凝土圆管涵、钢筋混凝土盖板涵、钢筋混凝土箱涵。

(2)涵洞类型及孔径选择,除应考虑非多年冻土区的有关规定外,还应根据涵洞地基的多年冻土情况,经综合技术经济比较后确定。

(3)金属波纹管涵对多年冻土地基的影响较小,在应用之前应进行必要的试验研究。

(4)钢筋混凝土圆管涵及钢筋混凝土盖板涵,能够适应地基的轻微变形,一般可以采用。涵洞的主体及附属工程材料应采用混凝土材料。在可能产生较严重的变形时,如按破坏性多年冻土的设计原则设计,宜优先采用钢筋混凝土拼装化矩形涵,必要时应加强涵节之间的连接。

(5)各类涵洞应每隔2.0~4.0 m设一道沉降缝,沉降缝应加强防水、防渗漏措施,对径流期长、径流量大的涵洞基底,宜再喷涂防水沥青渣油。

(6)多年冻土区不应使用双孔涵洞、不同类型的有压涵洞、以及各类型的浆砌片石涵洞。

(7)涵洞孔径的确定,除应满足排洪及交通的要求外,还应考虑冰塞、冰锥的影响。如遇上述现象,涵洞孔径不宜小于1.5 m。

(8)涵洞沟底不宜下挖,也不宜提高,宜按原沟床设涵。

(9)排洪涵洞均应以无压计算,涵底纵坡不宜小于1.5%。对于有常年径流的涵洞宜加大纵坡。

(10)涵洞进出口端翼墙应考虑水平冻胀力,按挡土墙设计。

3. 不同结构形式涵洞比较

(1)钢筋混凝土盖板涵,为目前采用最多的一种涵洞,较适合于一般良好冻土地区,但目前各类地基土上大多采用此类涵型。由于基坑开挖,需要混凝土现浇,施工期较长,对多年冻土有较大扰动与破坏,用作长径流与小径流两种过水涵洞时有较多的病害发生,特别是径流期长时破坏较为严重。

(2)钢筋混凝土圆管涵,曾在多年冻土区使用过。由于此类涵洞与基础间连接结构处理不够得当,因此,常在接头缝间发生脱节、错牙与漏水现象。其优点是便于预制、节省材料、易于吊装,有利于快速施工。

(3)钢筋混凝土框梁式盖板涵,多年冻土区部分涵洞为这种形式。由于其整体性结构加强,可较好地抗涵侧的冻胀力,减少涵壁破裂与倾伏,并在一定程度上减轻涵体处地基差异变形过大而造成的断裂破坏,与盖板涵性能相似,可以考虑在不良冻融地基土上使用。

(4)钢筋混凝土箱形涵,属径流期长的过水涵。在20世纪70年代作为代表性涵洞在青藏公路风火山厚层地下冰地段上进行过专门试验,由于地基处融深计算较为合理,并匹配防冻融病害措施,经近15年运行,证明是成功的。不良冻土地段和常径流、过水量大的涵洞,可以考虑采用此类型涵。

(5)合金镀锌波纹管涵,在北美多年冻土区广泛使用,我国青藏公路1955年也曾使用过。1997年中交第一公路勘察设计研究院又在109国道进行专门试验,效果良好,2002年214国道也曾使用合金镀锌波纹管涵。这是一种柔性结构涵,较适合大变形和不均匀变形地基使用。该结构还是一种预制式、装配式涵洞,可以工厂化生产,且有利于快速施工,从而极大地减少了对多年冻土的扰动和破坏,应作为多年冻土区的首选涵洞形式。这类涵管的主要技术参数为直径 0.75 ~ 1.50 m,可以是单片或双片(半圆)拼装,合金镀锌钢板厚度 2.5 ~ 3.5 mm,波高 5 ~ 8 mm,波距 10 ~ 16 cm。涵管最大的径向位移控制在 15 ~ 25 mm。波纹管每节长为 3 ~ 4 m,施工时各节用螺栓加以固定,对螺栓要作防锈处理。

波纹管涵洞在多年冻土区的使用问题,目前仍存在较大的分歧和争议,有的专家认为波纹管涵洞施工简单、快速,对冻土破坏较小,应大力推广使用。但另有专家则认为波纹管涵洞刚度小,地基下沉将导致涵洞变形过太,受水、酸碱性土壤侵蚀、泥沙磨蚀,涵洞易锈蚀和损坏。20 世纪 50 年代陇海铁路宝兰段大量的波纹管涵洞出现严重变形、锈蚀等病害,已全部更换,因而部分专家认为波纹管涵洞属临时结构,维修、养护工作量很大,不宜在多年冻土区使用。

波纹管涵洞在公路上的应用为新技术、新结构,在使用上应持慎重的态度,但应积极推广。由于 214 国道多年冻土区涵洞量大面广,多年冻土工程地质差异很大,且设计周期短,施工工期短,需进行必要的实验研究。

计 划 单

学习领域	寒区路桥工程施工技术		
学习情境	多年冻土地区路桥施工	学时	12
工作任务	冻土地区路线设计与路基设计	学时	6
计划方式	小组讨论、团结协作共同制定计划		
序　号	实施步骤		使用资源
1			
2			
3			
4			
5			
6			
制定计划说明			

	班　级		第　组	组长签字	
	教师签字			日　期	
计划评价	评语：				

决 策 单

学习领域	寒区路桥工程施工技术		
学习情境	多年冻土地区路桥施工	学时	12
工作任务	冻土地区路线设计与路基设计	学时	6

	方案讨论				
	组号	方案合理性	实施可操作性	安全性	综合评价
方案对比	1				
	2				
	3				
	4				
	5				
	6				
	7				
	8				
	9				
	10				
方案评价	评语：				

班　级		组长签字		教师签字		月　日

实 施 单

学习领域	寒区路桥工程施工技术			
学习情境	多年冻土地区路桥施工		学时	12
工作任务	冻土地区路线设计与路基设计		学时	6
实施方式	小组成员合作;动手实践			
序　号	实施步骤		使用资源	
1				
2				
3				
4				
5				
6				
7				
8				
9				
10				

实施说明:

班　级		第　组	组长签字	
教师签字			日　期	
评　语				

检 查 单

学习领域	寒区路桥工程施工技术			
学习情境	多年冻土地区路桥施工		学时	12
工作任务	冻土地区路线设计与路基设计		学时	6
序　号	检查项目	检查标准	学生自查	教师检查
1	咨询问题	回答得认真、准确		
2				
3				
4				
5				
6				
7				
8				
9				

	班　级		第　　组	组长签字	
	教师签字		日　期		
检查评价	评语：				

评 价 单

学习领域	寒区路桥工程施工技术				
学习情境	多年冻土地区路桥施工		学时		12
工作任务	冻土地区路线设计与路基设计		学时		6
评价类别	项　目	子 项 目	个人评价	组内互评	教师评价
专业能力	资讯 （10%）	搜集信息及引导问题回答			
	计划 （5%）	计划可执行性和安排合理性			
	实施 （20%）	实施的完整性、合理性及可执行性			
	检查 （10%）	全面准确性和特殊情况处理			
	过程 （5%）	安全合理、符合操作规范			
	结果 （10%）	准确性、快速性			
社会能力	团结协作 （10%）	合作情况及对小组贡献度			
	敬业精神 （10%）	吃苦耐劳及遵守纪律			
方法能力	计划能力 （10%）	计划条理性			
	决策能力 （10%）	方案正确性			

班　级		姓　名		学号		总评	
教师签字		第　组	组长签字			日期	

评价评语	评语：

教学反馈单

学习领域	寒区路桥工程施工技术			
学习情境	多年冻土地区路桥施工	学时		12
工作任务	冻土地区路线设计与路基设计	学时		6
序　号	调查内容	是	否	理由陈述
1	了解冻土的定义及分类吗？			
2	熟悉多年冻土地区地下水分类吗？			
3	明确冻土地区发生冻胀的原因吗？			
4	能够说出影响冻胀的因素吗？			
5	能够列举出来多年冻土对工程危害有哪些吗？			
6	了解路线选线的原则和要点有哪些吗？			
7	明确路线纵断的设计原则和要点有哪些吗？			
8	能够说出路线设计对资料的要求吗？			
9	明确路基设计原则和要点是什么吗？			
10	你对任课教师在本任务的教学满意吗？			
11	你对自己的表现是否满意？			
12	你对小组成员之间的合作是否满意？			
13	你认为本项目还应学习哪些方面的内容？（请在下面回答）			

你的意见对改进教学非常重要,请写出你的建议和意见。

被调查人签名		调查时间	

任务 2　多年冻土地区路基施工与养护

任 务 单

学习领域	寒区路桥工程施工技术		
学习情境	多年冻土地区路桥施工	学时	12
工作任务	多年冻土地区路基施工与养护	学时	6
布置任务			
学习目标	1. 掌握多年冻土地区路堤施工方法 2. 掌握冻土地区零填、低填与路堑施工方法 3. 了解不良地质路段路基施工方法 4. 掌握冻土地区公路养护方法		
任务描述	1. 拟定路堤施工基底处理方法 2. 选择路堤施工的填料 3. 确定压实的方法 4. 确定路堤防护 5. 确定零填、低填和路堑施工方法 6. 确定不良地段路基施工方法 7. 确定冻土地区公路养护方法		

学时安排	资讯	计划	决策	实施	检查	评价
	1 学时	0.5 学时	0.5 学时	3 学时	0.5 学时	0.5 学时

提供资料	［1］JTGF10—2006　公路路基施工技术规范. ［2］JTG/T D31—02—2003　公路软土地基路堤设计与施工技术细则. ［3］JTGB01—2003　公路工程技术标准. ［4］JTG/T D31—04—2012　多年冻土地区公路设计与施工技术细则. ［5］王海春. 特殊地区公路. 北京:人民交通出版社,2006. ［6］徐玫. 山区公路路基施工技术. 哈尔滨:哈尔滨工业大学出版社,2000.
对学生的要求	1. 掌握道路工程设计基本知识 2. 掌握路基常见的结构形式 3. 掌握路基工程常规施工方法 4. 必须会读识路桥工程图 5. 按学习目标完成相关任务内容 6. 必须具有团队合作的精神,以小组的形式完成工作任务 7. 严格遵守课堂纪律和工作纪律,不迟到,不早退,不旷课 8. 学生应树立职业意识,按照企业的岗位职责要求自己 9. 本项目工作任务完成后,需提交学习体会报告,要求另附

资 讯 单

学习领域	寒区路桥工程施工技术		
学习情境	多年冻土地区路桥施工	学时	12
工作任务	多年冻土地区路基施工与养护	学时	6
资讯方式	在图书馆、专业期刊、互联网及信息单上查询问题;咨询任课教师		
资讯问题	1. 冻土地区基底处理方法有哪些?		
	2. 路堤施工填料选择的标准有哪些?		
	3. 路堤填筑压实的方法有哪些?		
	4. 路堤防护注意事项有哪些?		
	5. 零填、低填和路堑施工有何规定?		
	6. 不良地质路段路基施工方法是什么?		
	7. 路基的排水和取土坑有何要求?		
	8. 冻土地区公路主要病害是什么?		
	9. 冻土地区公路养护方法有哪些?		
资讯引导	1. 问题的解答需要在下面的信息单中查找; 2. 参考《公路路基施工技术规范(JTGF10—2006)》、《公路软土地基路堤设计与施工技术细则(JTG/T D31—02—2003)》、《多年冻土地区公路设计与施工技术细则(JTG/T D31—04—2012)》等规范。 3. 王海春. 特殊地区公路. 北京:人民交通出版社,2006. 4. 徐玫. 山区公路路基施工技术. 哈尔滨:哈尔滨工业大学出版社,2000. 5. 曹永先. 道路工程施工. 北京:化学工业出版社,2010.		

信 息 单

2.1 多年冻土地区路基施工

2.1.1 路堤施工

施工前应检查沿线冻土的分布、类型、冻土上下限、冰层上限、地面水、地下水以及有无其他如热融湖（塘）、冰丘冰锥等不良地质地段。多年冻土地区,一般采用路堤通过,施工中应以不破坏或少破坏地基的热学稳定状态为原则。当路堤高度达不到设计最小填土高度（多年冻土上限不下降的最小填土高度和防止冻胀、翻浆的最小填土高度）时,冻土上限可能下降,路基基底则应进行处理。

1. 基底处理

(1)当地基为少冰冻土或多冰冻土,路堤基底不作特殊处理。

(2)当地基为富冰冻土、饱冰冻土或含土冰层,路堤高度大于最小保温高度（在东北地区大于1.5～2.0 m,在西北地区大于1.0～1.5 m）,路堤基底及规定范围内的地面应如下处理:

①路堤坡脚外20 m范围内的地面植被和原生地貌应严加保护。

②加强地表排水,防止地表水渗入基底。

(3)当地基为富冰冻土、饱冰冻土或含土冰层的低填路堤时基底按以下方式处理:

①全部换填土。如冻层厚度不大,一般宜全部清除换填。回填料底部应有不小于0.5 m厚的渗水土,并做好坑底纵横向排水,见图2.1、图2.2。若基底潮湿,则全部用渗水土回填压实。

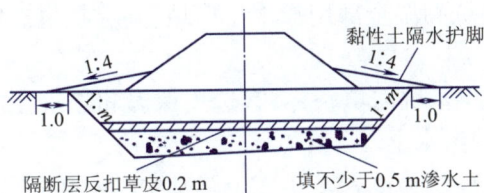

图2.1 全部换填断面形式之一

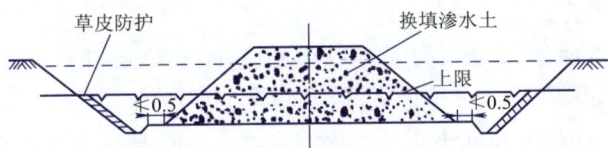

图2.2 全部换填断面形式之二

②部分换填土。若冻土埋藏很厚,一般采用部分换填。换填深度与路堤高度之和应大于多年冻土层上限的深度,或通过计算确定。换填料宜采用保温和隔水性较好的细颗粒土,并做好地面排水,见图2.3。

(4)基底换填开挖工程,宜在春融前完成。

2. 填料的选择

多年冻土地区应尽量减少冻土区生态环境的破坏,尽量采用集中取土,选用保温隔水性能较好的细粒土作为填料。但在做好地表排水的前提下,用粗粒土或细粒土作填料对保护基底冻土无明显区别,填料类别一般不起控制作用。

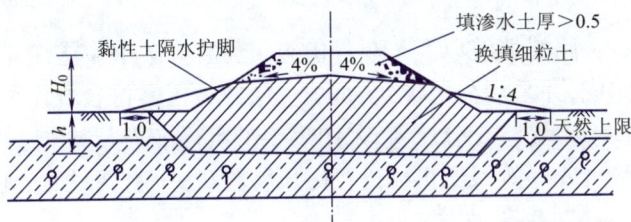

图2.3 基底部分换填断面形式

因此除有特殊要求者外,宜采取因地制宜就近取土的原则,以方便施工,降低造价。若在排水困难的厚层地下冰地段应考虑底部填筑一定厚度的保温隔水性能较好的黏性土;在冻土沼泽地段应在底部填筑渗水土作为毛细水隔离层,以防止地表水渗入基底造成路基融沉或由毛细水作用造成冻胀病害;通过热融湖（塘）路堤,水下部分必须用渗水良好的填料填筑,并应高出最高水位0.5 m。采用黏性土或透水性能好的土填筑路堤时,要控制土的温度,碾压时含水率不能超过最佳含水率的±2%,不得用冻土块或草皮层及沼泽地含草根的湿土填筑路基。

当基底为富冰冻土、饱冰冻土或土冰层,路堤填料按以下条件选用:

(1)路堤高度大于最小保温高度,可用一般黏性土填筑。

(2)路堤高度大于最小保温高度,但小于 2 m,而且地表潮湿,如用一般黏性土填筑,路基部位填筑不小于 0.5 的渗水土,见图 2.4。

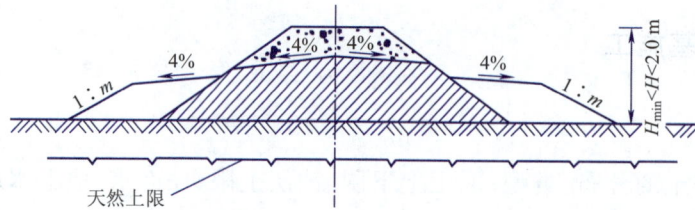

图 2.4 路基面填渗水土的断面形式

(3)当采用粗颗粒土填筑,其高度大于最小保温需要的最小高度时,可另用保温性能较好的填料填于底部,以满足保温需要的最小高度,见图 2.5。

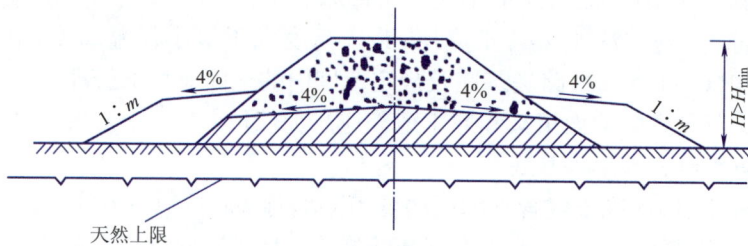

图 2.5 底部填黏性土的断面形式

(4)路堤高度小于最小保温高度,基底冻层全部挖除后因基坑潮湿全部用渗水土回填,则堤身也需用渗水土填筑。

(5)路堤高度小于最小保温高度,基底冻层部分挖除,堤身与基坑回填一样,宜选用保温和隔水性能较好的细颗粒土。如地面潮湿,则路基上部位填筑不小于 0.5 m 的渗水土。

(6)路堤高度小于最小保温高度或在路基高度受到限制的路段,为改善多年冻土路基中的水热条件,减轻或消除路基热融变形,在路基设计高程以下 80 cm 处,用聚苯乙烯泡沫塑料隔热板(简称 EPS,为轻质半硬性多孔材料,它由无数封闭小孔组成,具有导热系数小、吸水率低、耐老化等特点)埋置,以增大路基热阻,保护多年冻土路基稳定的工程措施。

3. 填筑压实

路堤填筑以 5～10 月份施工为宜。暖季中施工不需处理基底的低路堤,应在最大融化季节前一次填筑完成,并采用分层填筑,每填一层经过压实符合规定要求后,再填上一层。

路堤应充分压实,采用重型击实标准进行检查。成型后路床强度应符合设计要求,用不小于 20 t 的压路机或等效碾压机械进行碾压检验 2～3 遍,要求达到无迹和无软弹现象。

4. 路堤防护

路堤应注意防护,饱和冰或含土冰层地段的路堤,当靠近基底(包括换填基底)仍有饱和冰或含土冰层,且有可能融化时,可根据实际设保温护道、护脚于路堤的一侧或两侧。护道和路堤填料相同时,应连接填筑压实,用草皮时,草根应向上一层一层叠铺,最外一层应带泥,以便拍实形成保护层。路堤高度小于最小保温高度时,宜于两侧设置黏性土隔水护脚,与路堤连接填筑压实。

2.1.2 零填、低填与路堑施工

在多年冻土地区,一般应尽量避免挖方,以免造成严重热沉陷。但有时完全避免挖方增加工程费用和不利于线路技术条件,因此少数位于多年冻土地段的路堑仍难免要进行挖方处理。开挖路堑会将多年冻土

直接暴露在大气中,造成夏季基底热融沉陷,边坡热融滑塌,冬季路基面冻胀,当有地下水存在时,还会造成边坡挂冰、堑内积冰等病害。

1. 一般规定

(1)当路堑按保护冻土原则设计时,宜在寒季施工。如需要在暖季施工,应分段快速施工并采取临时保温措施,以防止地表水流入或渗入基底和冲刷边坡。不得在雨季施工。

(2)暖季施工时,应按全断面分层开挖,不得使用一次掏槽、深挖到底后再刷坡的施工方法。

(3)弃土距坡顶不得小于路堑深加5 m,并不得小于10 m。

2. 零填低填地段

必须挖除地表的草皮和泥炭层,换填足够厚度的渗水土,并加强排水,使基底干燥,以保证路基稳定。

3. 富冰冻土、饱冰冻土或含土冰层地段

当路堑通过富冰冻土、饱冰冻土或含土冰层地段时,为了防止路堑基底及边坡的冻害,坡面应采取保温措施和支挡防护措施。

为了保证保温层的效果,其厚度可比照天然上限深度来考虑,见表2.1。

表2.1 东北多年冻土地区各种土的代表性上限深度表 （单位:m）

保温情况	土的种类				
	泥炭	黏性土	碎石夹土	砂砾	卵石夹砂及圆砾
差	0.85	1.9	2.6	2.3	3.7
一般	0.65	1.5	2.1	1.8	3.1
好	0.45	1.1	1.6	1.3	2.5

注:阴坡、植被茂密、厚层苔藓地段及塔头草空隙为苔藓所充填者均保温良好;阳坡、植被稀少、附近人为活动频繁者属保温差;上述两者之间属保温一般。

当路堑基底穿过富冰冻土、饱冰冻土和含土冰层时,根据多年冻土的性质等情况,可采取全部或部分换填措施。

(1)全部挖除换填。将基底全部挖除至多冰冻土层,回填渗水土或含水率不大于塑限1.2倍的黏性土,并做好基底排水。当回填渗水土时,路基面0.5 m厚应填黏性土,见图2.6。当回填黏性土时,底部铺填厚0.3 m碎(卵)石,见图2.7。

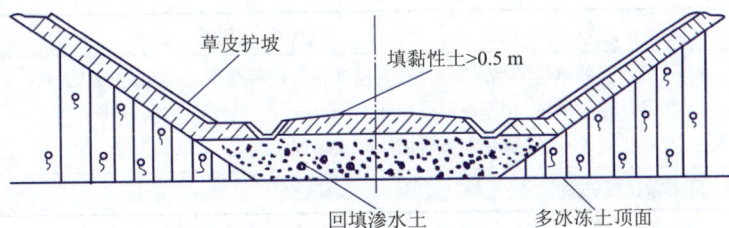

图2.6 路堑基底清除回填渗水土

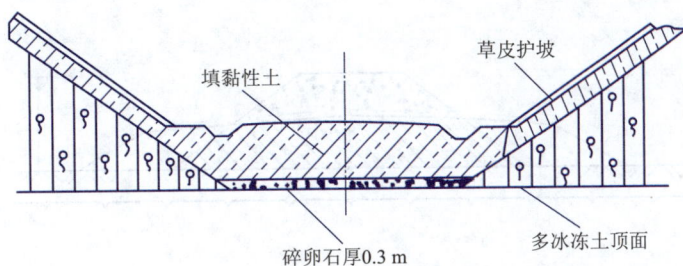

图2.7 路堑基底清除回填黏性土

（2）部分挖除防渗。当基底全部清除换填有困难时，可采取部分清除换填。部分换填厚度应等于最大融化深度的 1.5～2.0 倍（从边沟底算起）。边沟应铺砌防渗层。

2.1.3　不良地质地段路基施工

多年冻土地区的主要不良地质现象有冰丘、冰锥、冻土沼泽、热融滑坍、热融湖（塘）等。路基通过这些不良地质地段，均需作特殊处理。

1. 厚层地下冰段的路堤

厚层地下冰是指厚度大于 30 cm 的纯冰层或厚度大于 52 cm 的含土冰层。这种地段的路堤由于自然因素和人为因素的影响，如果破坏了多年冻土的热力平衡状态，将导致冰层融化，致使路堤发生下沉，严重变形，造成道路结构的破坏。可采取以下两种处理方法。

（1）破坏冻土的处理方法。分布在零星岛状多年冻土带中的厚层地下冰，一般厚度较小、埋藏较浅、范围小，受人为活动的影响，地下冰很难保持，这种情况应采取破坏冻土的方式处理。

当厚层地下冰的上限较浅，上限以下即为冰层且冰层不厚，冰层下为地质良好的少冰冻土或冰冻土且无地下水时，可全部挖除冰层换填渗水土或黏性土，然后压实。

当厚层地下冰埋藏浅、冰层薄，其下限以下地层饱含地下水，施工难度大时，可采用松动爆破。可以采用上部挖除、下部松动爆破相结合的方法，将地下冰震碎破坏，利用地下水的温度使破碎的冰层逐渐融化消失，路堤应以渗水土填筑。

挖除换填的施工需要在融化层全部冻结后才能开始，且必须在春融前完成。

（2）保护冻土的处理方法。厚层地下冰地段采取保护措施修筑路堤是切实可行的。这些措施包括在基底反扣塔头草或加铺 20～30 cm 的泥炭隔离层，两侧设保温护道，加强地表排水。排水沟应设在护道坡脚边 10 m 处。在排水困难地表可能积水时，基底填筑一定厚度的黏性土，这时保温护道以黏性土填筑。路基两侧 20 m 以内的地表植被覆盖层不得破坏。采取了这些综合的保温防水措施方可确保路堤的稳定。

2. 多年冻土沼泽地段的路堤

由于多年冻土上限埋藏浅，形成隔水层，地势平坦低洼，地表长期积水或处于潮湿状态，形成多年冻土地区沼泽地段。沼泽地段的路基易产生融沉、压缩下沉、路基冻胀等病害，可通过设置隔离层或隔温层并保护路基两侧地表植被的方法处理。

（1）截排水源。引排地面积水，路堤较低时还可以降低地下水位。排水沟与坡脚距离不应小于 8 m。

（2）基底为少冰、多冰冻土，根据不同的路堤高度按表 2.2 处理。

表 2.2　冻土沼泽地段治理

路堤高	处理措施
<3.0 m	1. 一般在底部填筑毛细水隔离层，其厚度在路堤沉落后应高出地面 0.5 m； 2. 如以黏性土填筑，路堤顶部应填 0.5～1.0 m 的渗水土，以防冻害； 3. 对低路堤，一般宜清除泥炭后用渗水土填筑
>3.0 m	可不做特殊处理

（3）基底为富冰冻土、饱冰冻土或含冰土层，可结合"路堤施工"中的要求综合治理。常见断面形式见图 2.8、图 2.9。

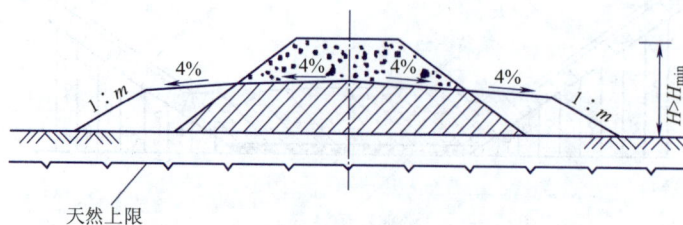

图 2.8　底部换填黏性土的断面形式（冻土沼泽地段）

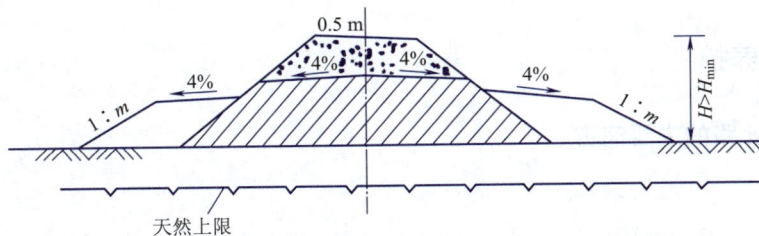

图 2.9　路基路面填渗水土的断面形式(冻土沼泽地段)

3. 冰丘、冰锥地段的路基

冰丘,一般是季节性的,冬季地表冻结时,使地下水承压,并随冻结深度的增加,地下水冻结成冰,体积膨大、压力增大,当压力超过上覆冻土层强度时,地表便会发生隆起,形成冰丘。冰丘易发生在冻土地区的河漫滩、两级阶地交界地带、沼泽地、平缓山坡及山麓地带,有的地方还出现冰丘群。

冰锥多发育于多年冻土地区的山间洼地、河漫滩、阶地及山麓洪积扇边缘地带。由于承压水冲破上覆薄层冻土层外溢,在冰冻条件下积成冰,冰锥和冰丘生成机理相同,由于道路的修建,改变地下水排泄条件,筑路取土,浅挖路堑都会促使冰锥的形成。

4. 热融湖(塘)地段的路基

由于自然引力或人为活动破坏多年冻土的热平衡状态,使地表下沉形成凹地或积水凹地。主要的处理措施有:

(1)尽量堵截水源,引排塘内积水。

(2)水下部分应用渗水性土填筑,并高出最高水位 0.5 m,如热融湖面积较大,尚应考虑波浪冲击。

(3)如基底有地下冰层,并可能导致路基继续融沉,宜在路基两侧筑护道,以便路堤继续融沉时加宽加高路面。

2.1.4　路基排水和取土坑

1. 路基排水

路基排水设施应尽量远离路基坡脚,并力求排水畅通,应满足保持路基及周围冻土处于冻结状态的要求。路基排水如设施不良,或地表排水不畅、排水沟堵塞、沟壁及沟底渗漏时,往往造成路堤坡脚或路堑截水沟、边沟积水,产生沿基底的横向渗透,路堑边坡渗水及路基过度潮湿等现象,引起路堤基底人为上限大幅度下降,影响路基的热流平衡,导致路基产生融沉、冻胀及边坡滑塌等病害。

路基排水与加固除满足水力和土力条件外,还应考虑由于施工因素如排水系统的修筑等引起的热力变化,导致多年冻土层上限的下降。

(1)路基施工时必须防止地表水流入或渗入路基基底和边坡。整个排水系统应在路基主体施工过程中尽早开始,如有困难时亦要做好临时排水设施,以防雨季地表水对路基坡脚和边坡的浸泡、渗透及冲刷,以免造成路基融化下沉和堑坡溜坍等病害。

(2)在保持多年冻土不融化地段,当路堤位于永久冻土的富冰冻土、饱冰冻土或含土冰层地段,应避免修建排水沟和截水沟,以修建挡水埝为宜。挡水埝的顶宽不宜小于 1.0 m,高度不小于 0.8 m。挡水埝的位置距离路堑坡顶或路堤坡脚一般应大于 6 m,如修建排水沟,则排水沟与路堤间的距离应大于 10 m。

(3)在少冰与多冰冻土地段,也应避免施工时破坏土基热流平衡。排水沟与坡脚距离不应小于 2 m;沼泽湿软地段不应小于 8 m。

2. 取土坑

施工时不论在何种条件下,严禁用推土机大面积推土填筑路基,并且应根据设计的取土坑位置、开采面积和深度规划好行驶路线,严禁运输车辆任意行驶,防止破坏植被。取土坑坑底纵坡要求平顺,积水应有出口,并尽量与排水系统相连接,以便取土坑中的水能及时排泄,不得造成取土坑积水。另外,取土坑的外露面,亦宜用草皮铺填。

2.2 冻土地区公路养护

2.2.1 冻土地区公路的主要病害

1. 融沉

融沉多发生在含冰量大的黏质土地段。当路基基底的多年冻土上部或路堑边坡上分布有较厚的地下冰层时,由于地下水冰层埋藏较浅,在施工及使用工程中,因原来的自然环境条件发生变化,使多年冻土局部融化,上覆土层在土体自重力及外力的作用下产生沉陷,造成路基变形。融沉主要表现在路堤向阳侧路肩及边坡开裂、下滑,路堑边坡溜坍等。

融沉现象一般以较慢的速度下沉,但有时也会经过一段慢速下沉后,突发大量的沉陷,并使两侧部分地基向上隆起。产生的原因是路基基底由于含冰量大的黏质土融化后处于过饱和状态,几乎没有承载能力,又因路堤两侧融化深度不同,使得基底形成一个倾斜的冻结滑动面。在外荷载的作用下,过饱和的黏质土顺着冻结面挤出,路堤瞬间产生大幅度的沉陷,通常称为突陷。这样的突陷危及行车的安全。

2. 冰害

冰害主要是指在路堤上方出露地表的泉水,或开挖路堑后地下水自边坡流出,在隆冬季节随流随冻,形成积冰掩埋路基或边坡挂冰、堑内积冰等病害。

冰害在严寒的多年冻土地区尤为严重。对路基工程来说,路堑地段较路堤地段冰害要多,其发生在浅层地下水发育的低填浅挖及零填挖地段的冰害危害程度最大。

3. 冻胀与翻浆

冻胀多发生在季节冻结深度较大的地区及多年冻土地区,多年冻土地区较严重。发生的原因是地基土及填土中的水冻结时体积膨胀所致。水分的来源是地表水或地下水对路基土的浸湿。冻胀的程度与土质及土中的含水率高低有关。

季节性冻融地区的路基在冰冻过程中,土中的水分不断地向上移动,使路基上部的水分含量显著增加。春融期间,由于土基含水率过高,路基强度急剧降低,再加上行车的作用,路面会发生弹簧、裂缝、鼓包、冒泥等现象,形成翻浆。主要发生在我国北方各省及南方的季节性冻冰地区。

翻浆的发生,不仅会破坏路面,妨碍行车,严重的还会中断交通。因此,在翻浆地区修筑公路,对水文及水文地质不良地段,要注意详细查沿线地面水、地下水、路基土和筑路材料等情况,以便采取相应的处理措施。从设计与施工两方面综合考虑,防止翻浆的发生。

2.2.2 冻土地区公路的养护

多年冻土地区的公路防雪设施,应维护原有状态。对倒毁残损的,应修理加固或补充;设置不当的应纠正,使其发挥防雪作用。多年冻土地区的公路养护,应采取以下措施。

(1)多年冻土地区的路基养护,应采取"保护冻土"的原则。做到"宜填不宜挖"。除满足不同地区、气候、水文、土壤等路基填筑的最小高度外,并另加 50 cm 保护层。路基填方高度不宜小于 1 m。

(2)养护材料尽量选用砂砾等非冻胀性材料,不应选用黏土、重黏土之类毛细作用强、冻胀性大的养护材料。

(3)加强排水,防止地表积水,保持路基干燥,减少水融,做到最大限度地保护冻土。应完善路基侧向保护和纵横向排水系统,一切地表径流应分段截流,通过桥涵排出路基下方坡脚 20 m 以外。路基坡脚 20 m 以内不得破坏地貌,不得挖除原有草皮;取土坑应设在路基坡脚 20 m 以外;路基上侧 20 m 处应开挖截水沟,防止雨雪水沿路基坡脚长流或低处汇积,造成地表水下渗、路基下冻土层上限下降。疏浚边沟、排水沟时,应防止破坏冻层,导致冻土融化,产生边坡坍塌。

(4)受地形限制,路基填筑高度不够时,应铺筑保温隔离层。保温材料可采用泥炭、炉渣、碎砖等,防止热融对冻土的破坏。

(5)防护构造物应选用耐融性材料。选用防水、干硬性砂浆和混凝土时,在冰冻深度范围,其强度等级应提高一级。

2.3　工程实践案例——岛状多年冻土地段路基填筑

2.3.1　工程概述

多年冻土是第四纪地质年代末次冰期的产物,是地球表面岩石圈与大气圈热交换过程中,散热大于吸热的结果,因此多年冻土分布具有明显的高纬度和高海拔地域特点。我国的多年冻土主要分布在东北大、小兴安岭和西部高山、高原地区,总面积2.146×10^6 km²,约占全国陆地面积的22.3%。大、小兴安岭的多年冻土分布主要受高纬度控制,并受西伯利亚和蒙古高原的高压气流影响,且该地区是我国最寒冷的地区,其面积约3.82×10^5 km²,主要分布在黑龙江省和内蒙古自治区。

现代多年冻土因气候变暖而处于退化中。首先表现为融区的扩大。融区是指多年冻土区存在的局部无冻土的部分。实际上,融区在平面和垂直方向均可发生,因而冻土在平面和垂直方向也都可能呈连续与不连续(岛状)分布形式,见图2.10。

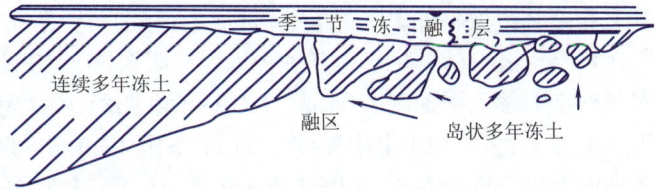

图2.10　融区

现代的冻土南界,其界线温度大致在年平均气温$0 \sim -2$ ℃等温度线上下摆动,变动在北纬46°~48°之间。南界西段温度低;东段环绕小兴安岭南端在$0 \sim 1$ ℃之间通过;中段、北安沟段温度居中。年平均气温大于0 ℃的南界东段等某些地段仍有多年冻土存在,主要是因为东部小兴安岭地区降水多、润湿,山前含水率大的地带和沼泽、泥炭、塔头草分布所带来的隔热和阻渗作用阻碍地温上升,延缓了该地区多年冻土的退化速度,使这些地带的南界出现正温。可见南界位置不仅受大、小兴安岭地势和地形走向左右,而且也受到嫩江流域和山前低洼地带的沼泽化、泥炭层等自然环境因素影响。现代多年冻土南界在我国境内基本走向为阿尔山—扎兰屯—讷河—德都—北安—铁力—南岔—萝北一线以北和以西。多年冻土的区划和自然特点在交通部颁发的《公路自然区划标准》中有较具体地概括,可供公路建设时应用。I_1、I_2区分别表示连续多年冻土区和岛状多年冻土区(图2.11)。

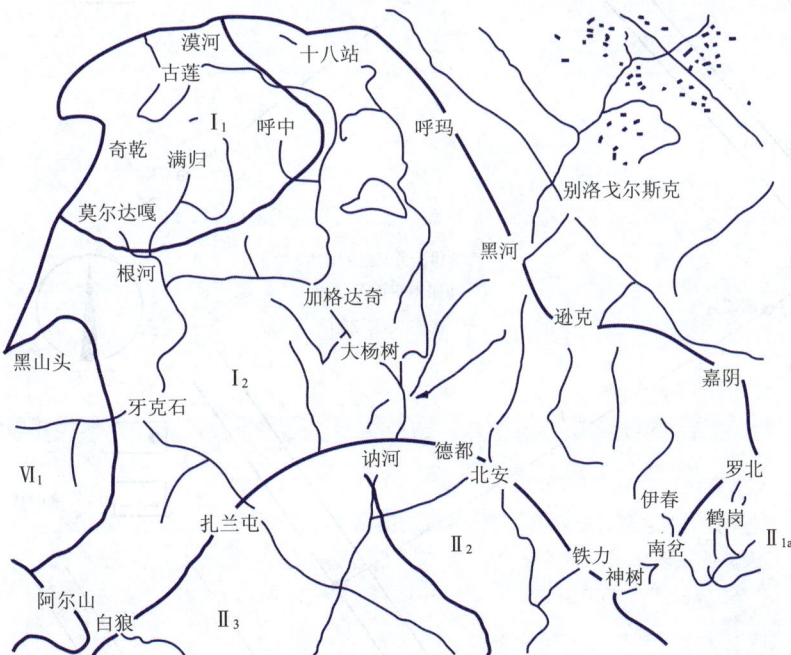

图2.11　冻土区

由多年冻土成因可知,气温和其他各种自然因素对冻土形成和发育起着控制和影响作用;反之,这些因素的改变包括人为作用因素也会引起多年冻土状态的变化。多年冻土这种不稳定性和敏感性对在多年冻土区修建的工程结构物将产生不良影响,例如导致结构物的变形甚至破坏,通常我们称之为工程不良地质病害。随着黑龙江省北部的开发和建设,公路向北延伸,多年冻土不良地质问题将成为黑龙江省北部公路建设中一项比较突出的工程技术问题。为此,关注和了解多年冻土知识,研究并掌握多年冻土的处理技术,对保证工程质量和降低造价将具有重要意义。

近年来,在伊春地区的公路建设中,多年冻土时有遭遇,给公路建设带来许多困难。伊春地区在岛状多年冻土区内(I_2 区),位于欧亚大陆多年冻土分布区的东南端,为连续多年冻土与季节冻土的过渡带,并在退化之中。在该地区,多年冻土呈岛状零星地分布于融区中,多见于沼泽区的塔头草或泥炭层下,面积不大,厚度小,含冰量大,很不稳定,对工程危害较大。为了解筑路后冻土处于发育、稳定还是退化状态,在该地区已建成的哈尔滨至伊春公路上,选择由于路基下多年冻土层的融化导致路基下沉,水泥混凝土路面遭破坏的岛状多年冻土路段 2 处。在 K294 +300、K319 +650 路段上进行岩土工程勘察。为了对比,勘探点布置在路基上和路基边坡脚外 20 m 的天然地面上,分别布置钻孔(图 2.12)。岩土地质剖面图见图 2.13。K294 +300 路段,CK3 号孔位在路基上,多年冻土人为上限深度 5.10 m(天然上限深度 3.67 m)。CK4 号孔位在天然地面上,多年冻土天然上限深度 1.04 m。K319 +650 路段,CK1 号孔位在路基上,多年冻土已完全退化。CK2 号孔位在天然地面上,多年冻土上限深度 1.23 m,下限 4.20 m。多年冻土层厚度为 2.97 m。两路段在已有路基上与天然地面上进行勘探对比,相继建成 5 年后,路基下多年冻土上限深度下降 2.6 ~2.97 m。在该地区,工程实施对自然环境的破坏与改变极易引发冻土融沉,这是该地区公路建设的主要不良地质问题。

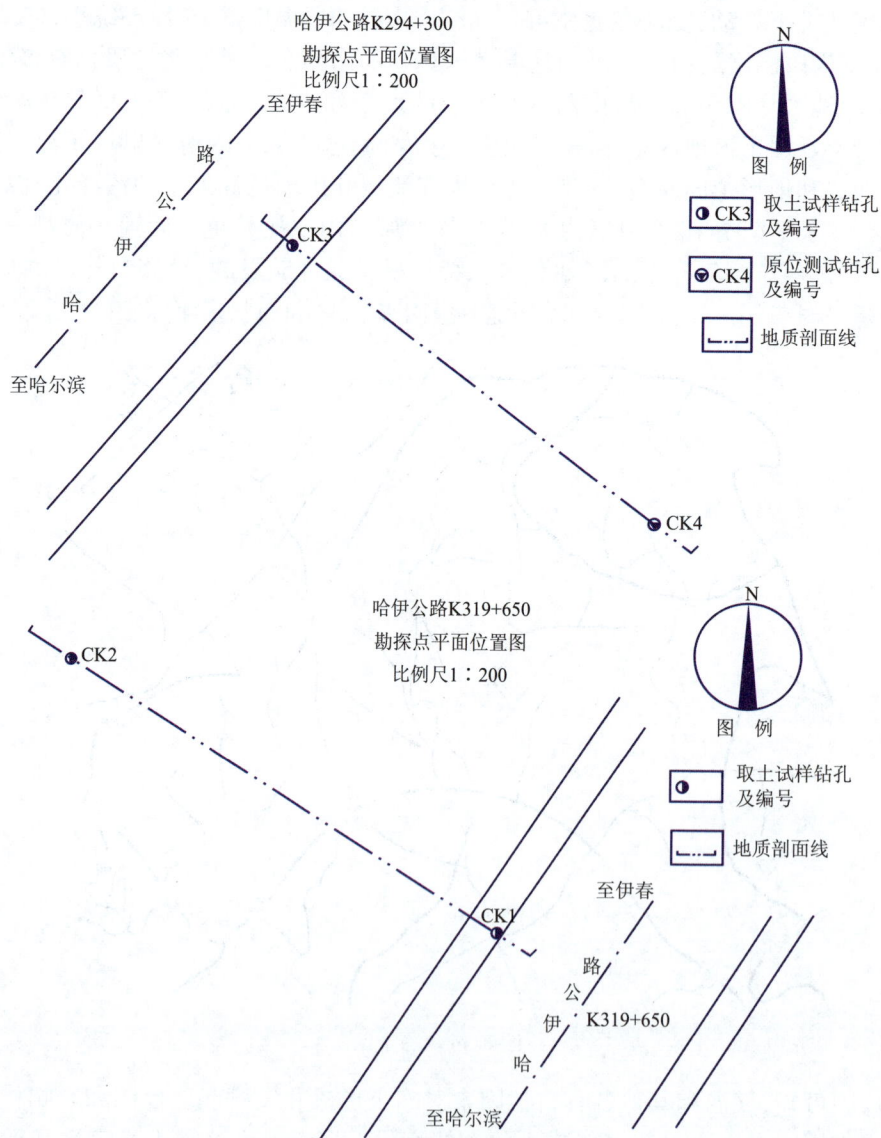

图 2.12　哈伊公路

哈伊公路K294+300工程地质剖面图

高程(m)

比例尺　水平1:200
　　　　垂直1:100

CK3
361.635

CK4
360.210

360

1.60

358

3.00

356

4.60
5.10

5.80

5.20

22.00

355.835

355.01

357.61 / 2.70　1998.12.5

(a)

哈伊K319+650工程地质剖面图

高程
(m)

比例尺　水平1:200
　　　　垂直1:100

CK1
290.560

CK2
289.700

290

0.35
0.80

1.40

288

286

4.00

4.20

4.90

6.30

284

6.60

24.00 m

284.80

283.96

286.64 / 3.01　1998.12.7

286.730 / 3.83　1998.12.7

(b)

图	例
	素填土
	腐殖土
	淤泥
	泥炭
	淤泥质粉质黏土
	含砾粉质黏土
	粉质黏土
	黏土质砂砾
Z	中砂
C	粗砂
L	黏土质砂砾
L	砂砾
	取土试样钻孔
	原位测试钻孔
	地质孔

图　式

钻孔编号 / 地面高程(m)

360 —— 土层界线及深度

多年冻土上限

取土样位置及编号
试验位置锤击数

地下水位线

多年冻土下限

孔深(m)

孔间距(m)

孔底高程(m)

水位高程(m) / 水位埋深(m)

(c)

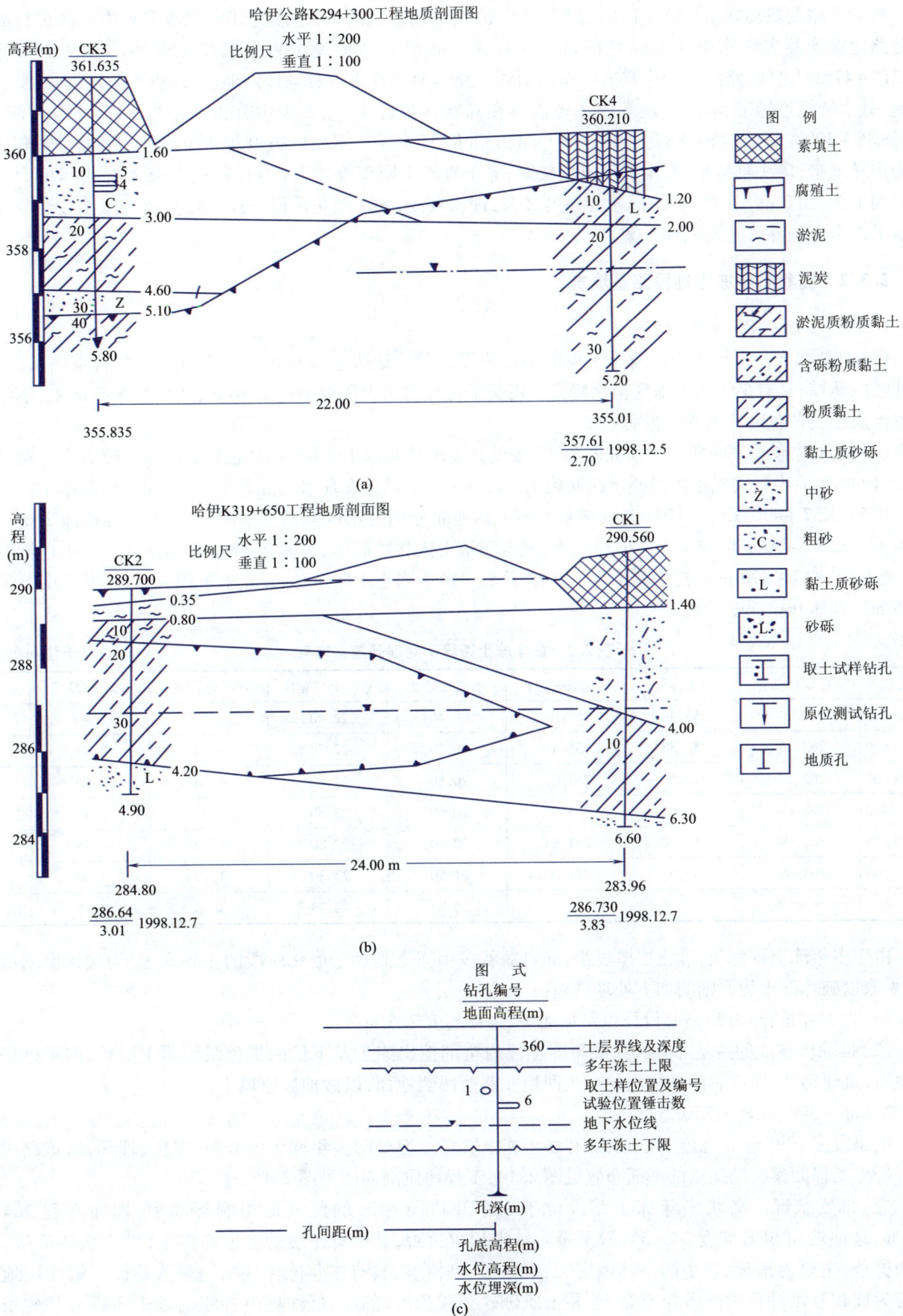

图2.13　岩土地质剖面图

鹤伊公路西段岛状多年冻土区内的4段多年冻土路基工程处理，是黑龙江省北部多年冻土区进行高等级公路建设涉及多年冻土地质问题的进一步探索。鹤伊公路地理位置在东经129°29′~129°36′，北纬47°21′~47°38′之间，路线位于小兴安岭东南山麓。路线西段在丰林林场以西地区，地势为重丘，在山涧谷口洼地、分水岭缓坡地带、河流阶地等沼泽地段存在岛状多年冻土，主要集中分布于路线K57+384~K57+515、K86+300~K86+750、K87+406~K87+480和K131+410~K131+630等4个地段，总的自然概况，多半为沼泽地带，塔头草丛生，泥炭腐殖土层较厚；冻土自然上限深度约1.0~1.7 m，下限2.5~4.4 m。厚度一般为1.5~3.0 m。由此可见，冻土层厚度较薄，埋深较浅，处于退化阶段，极不稳定，故对该4段路基施工基本采取全部挖除冻土的处理方案。

2.3.2 岛状多年冻土地段路基填筑

1. K57+348~K57+515路段

（1）自然状况。多年冻土路段位于山前谷口沼泽地带。地表生长稀疏、矮小的小叶樟、苔草塔头，及枝枯叶败的丛桦，具有多年冻土地区植物特征。塔头下泥炭腐殖土层厚平均2.86 m，此层为多年冻土，下伏黑色淤泥质土及黄色砂性土含少量砾石。

（2）处理措施。1998年5月份路基施工，按设计要求清基深1.5 m（下为融土层），回填碎石土。路基建成后，1999年上半年完成水泥混凝土路面施工。1999年10月初发现水泥混凝土路面板断裂，路基下沉。在K57+353、K57+430、K57+470三处，路基左侧天然地面分别开挖试坑调查。K57+353试坑挖深2.0 m未见冻土。K57+430试坑挖深1.7 m见冻土，泥炭腐殖土内含冰晶体，为多年冻土，4.4 m以下为黑色淤泥质土（融土）。K57+470试坑挖深到1.5 m见地下水。多年冻土上限1.7 m，冻土下限4.4 m，冻土层厚平均2.86 m。具体开挖深度见表2.3。

表2.3 多年冻土路段下处理开挖深度表 （单位:m）

桩号	路堤设计高程	地面高程	开挖基底高程	基坑底宽度	基坑上口宽度	下处理深度	冻土层厚度	备注
K57+375	262.24	259.46	255.96	20.40	22.40	3.50	1.90	
+400	262.25	259.36	255.40	20.70	22.70	3.96	2.36	
+405	262.32	259.50	255.00	20.60	22.60	4.50	2.90	
+450	262.47	259.62	254.62	20.60	22.60	5.00	3.40	
+475	262.69	259.76	254.86	20.80	22.80	4.90	3.30	
+500	263.00	259.90	255.00	21.30	23.30	4.90	3.30	
				20.73	22.73	4.46	2.86	平均值

由于多年冻土埋深浅，冻土层厚度小，同时岛状多年冻土是处于退化阶段的多年冻土，为确保路基的稳定，采取以破坏冻土为原则的如下处理措施：

（1）此多年冻土路段，路基设计以路堤通过，路堤高度2.5 m。

（2）推除已建成的路基、路面，在多年冻土段内全部挖出冻土及下伏的黑色淤泥质土层后，回填砂砾至原地面，重建路基、路面。清基挖出的弃土回填在路基两侧地面，以做护坡道填土。

2. K86+300~K86+750路段

该路段在1998年5月施工中，发现有多年冻土发育。为查明多年冻土的分布、厚度、埋深，对该路段进行了岩土工程勘察。勘探点的平面布置见图2.14，工程地质剖面图见图2.15。

（1）自然状况。岛状多年冻土路段位于一个开口向SEE的簸箕形山涧谷地中，地面高程264~295 m，地面坡向SEE坡度3°~5°，较平缓。坡洪积裙地貌，其中有平缓的箱形冲沟发育。"缓坡草甸型"植物群落，主要为稀疏、矮小的小叶樟塔头、水冬瓜、桦树等，具有多年冻土区植物群落特征。第四纪地层主要为坡积及洪冲积的砾砂粉质黏土、黏土质砾砂和残积的砾砂。低洼处洪冲积的黏土质砾砂及残积的砾砂层中含孔隙水，其透水性较好。多年冻土地带则表现为多年冻结层下水，具微承压性，土层含水性不均匀。

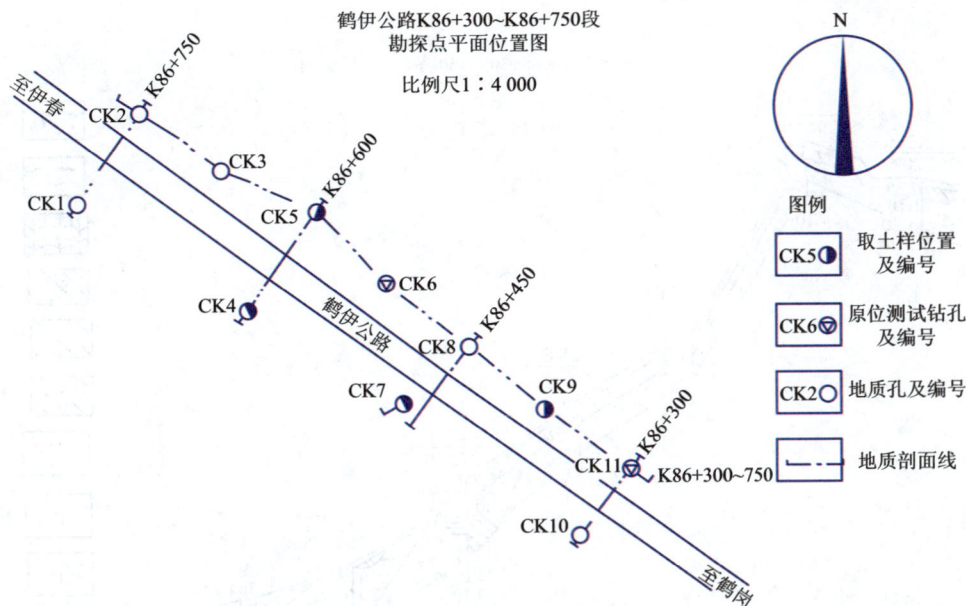

图 2.14　勘探点平面布置

（2）多年冻土形成的地质环境。地貌形态为一个较平缓的坡洪积裙,由于新构造运动上升和流水浸融作用,在坡洪积裙的低洼(中心)部位形成冲沟,然后运动处于相对稳定或缓慢下降过程,形成冲积物。又一次上升运动切割了上述洪冲积物,形成新的冲沟,然后又处于相对稳定阶段,在新的冲沟内形成沼泽湿地,生长"缓坡草甸型"植物群落,日积月累,植物残体的堆积形成泥炭。在当时气候条件下冻结而形成多年冻土,而目前仍为沼泽湿地。该段工程地质剖面图明显反映出这一形成过程。多年冻土只分布在冲沟的局部地段,具有导热性极差的泥炭冻结层。在 CK11 号钻孔 0.98～2.5 m,冻结的泥炭土层中可见粒径小于 1 mm 的冰粒零星分布。冻土天然上限深度 0.98 m,冻土下限深度 2.5 m,冻土层厚 1.6 m。

（3）处理措施。

①对该岛状多年冻土路段,路基设计以路堤形式通过,路基高度 1.71～6.03 m。

②由于多年冻土只存在于冲沟内的局部地段,其冻土埋深浅、厚度小,为处于退化过程的冻土。同时,冻土层为强泥炭土,土壤含水率高达 89%,有机质含量达 44%,属强融沉、强冻胀、高压缩性土,工程性质极差。为确保工程质量,采取破坏冻土的原则施工。1998 年路基施工清基深度 2.20 m,将腐殖土层、多年冻结的泥炭土层全部挖除直到砂砾土层。然后回填砂砾至原地面,再填筑路基。清基的弃土回填在路基两侧做护坡道。

3. K87＋406～K87＋480 路段

（1）自然状况。岛状多年冻土路段位于一个由西北向北倾斜的山涧沟谷地带,地面坡度约 1.1%,地面高程 266 m。由于地势平缓,形成山涧沟谷缓坡沼泽地带。植物群落主要为稀疏、矮小的苔草塔头及桦树、水冬瓜树等,但是具有"小老头树"多年冻土地区植物特征。塔头草甸土下为约 2.0 m 厚的泥炭质土,此层为多年冻土,下伏淤泥质土及风化砂,均为融土,约 3.0 m 左右见基岩。

此段多年冻土的自然环境与形成的地质条件与 K86＋300 的多年冻土相似。

（2）处理措施。此段路基在 1999 年 6～7 月施工,按设计要求清基 1.5 m 深,挖出塔头腐殖土层及部分冻结的泥炭土层后,回填砂砾,填筑路基土。路基建成后在当年 9 月下旬发现路基下沉,当时沉降量约 5.0 cm 左右,路基顶面出现 1.0 cm 左右的纵向裂缝。处理措施如下。

（1）多年冻土路段路基设计为路堤形式通过,路基高度 6.15～7.20 m。

（2）将已建成的路基全部推掉重新挖基,清除冻结的泥炭土层及淤泥质土、风化砂直到基岩。挖基底宽包括路基两侧各 3.0 m 宽的护坡道在内。挖基后,回填砂砾高出水面 2.0 m。路基与护坡道均用风化砂填筑至设计高程,如图 2.16。

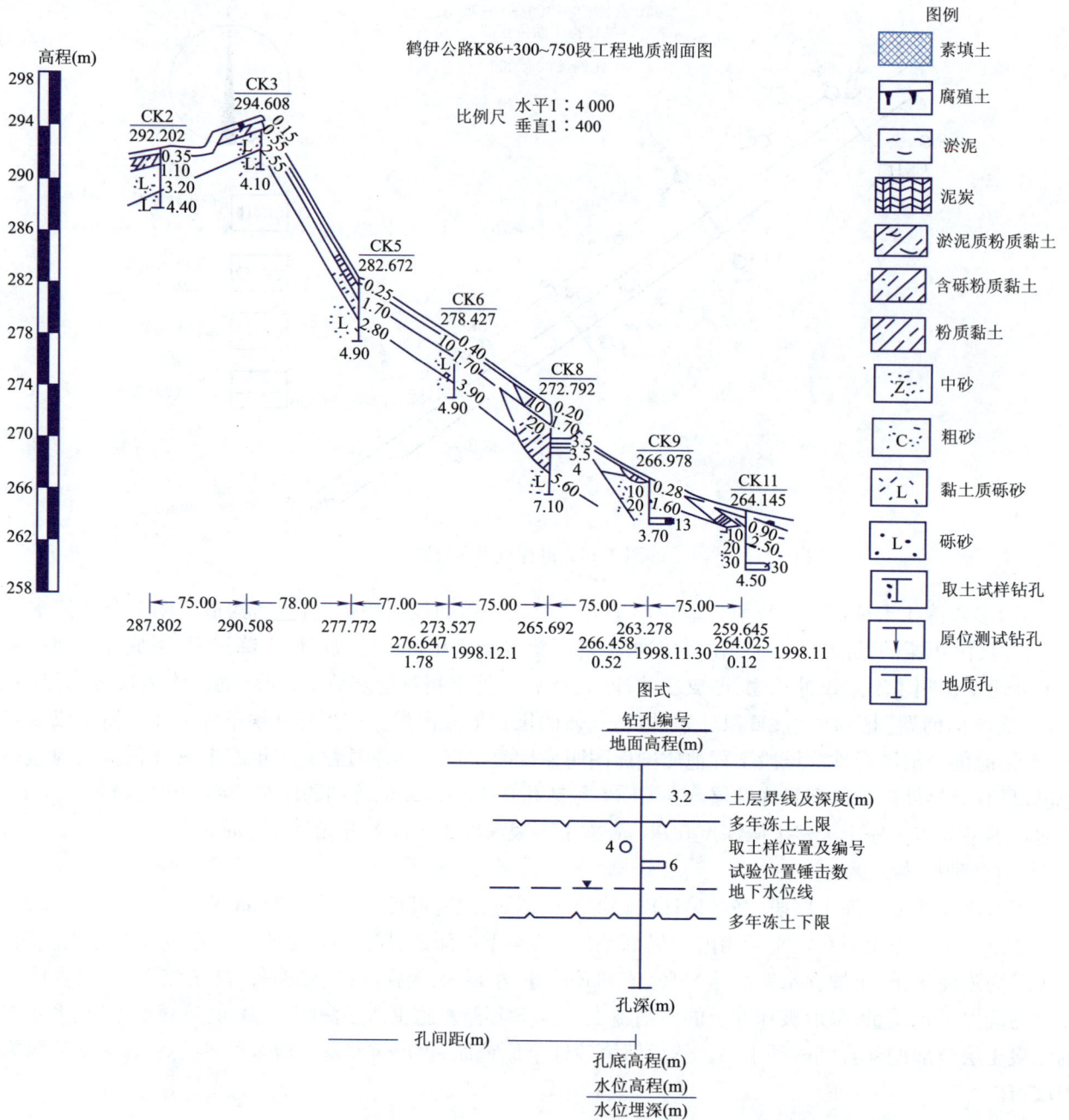

鹤伊公路K86+300~750段工程地质剖面图

比例尺　水平1:4 000
　　　　垂直1:400

图例

- 素填土
- 腐殖土
- 淤泥
- 泥炭
- 淤泥质粉质黏土
- 含砾粉质黏土
- 粉质黏土
- 中砂
- 粗砂
- 黏土质砾砂
- 砾砂
- 取土试样钻孔
- 原位测试钻孔
- 地质孔

图式

钻孔编号
地面高程(m)

3.2——土层界线及深度(m)
——多年冻土上限
4○　　　6——取土样位置及编号
——试验位置锤击数
▽——地下水位线
——多年冻土下限

孔深(m)

孔间距(m)

孔底高程(m)
水位高程(m)
水位埋深(m)

图2.15　工程地质剖面图

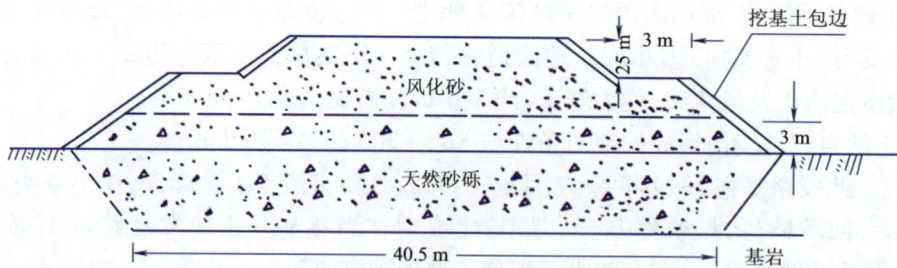

图2.16　路基换土填筑示意图

4. K131+410~K131+630路段

该路段在1998年6~7月份路基施工中,根据设计清基深度2.20 m,以下为砂砾黑土混合冻结土层。清基后回填砂砾,填筑路基土。根据冻土埋藏深度疑有多年冻土发育,决定对路段进行工程地质勘察。勘探点平面布置见图2.17,工程地质剖面图见图2.18。

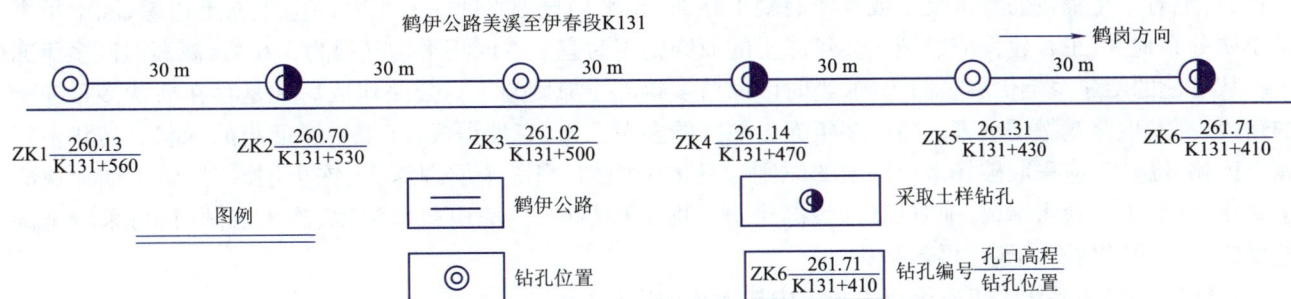

图 2.17　勘探点平面布置图

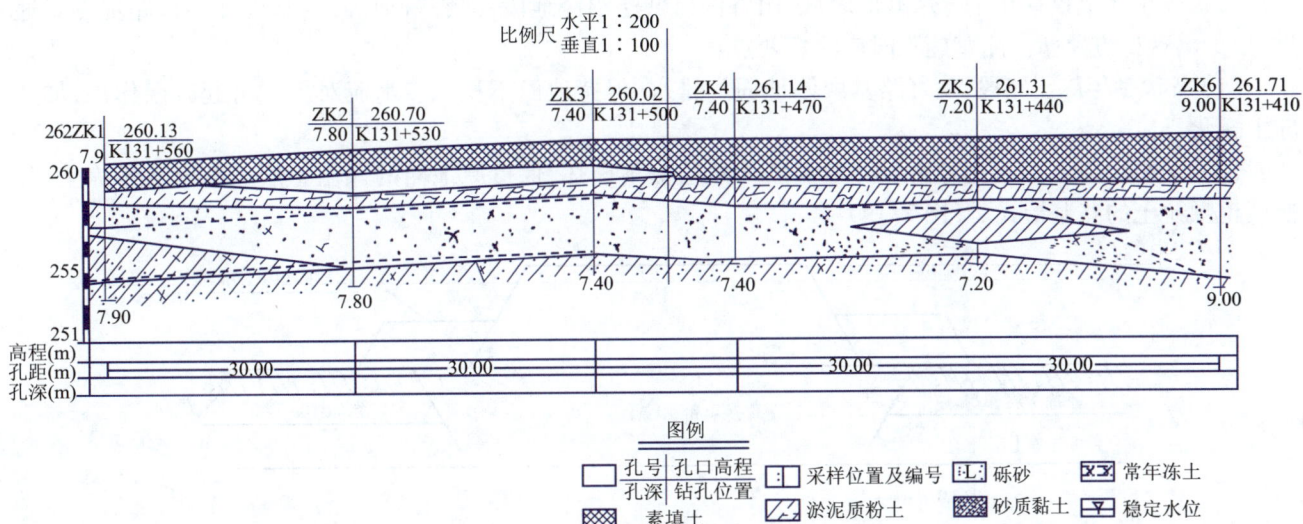

图 2.18　工程地质剖面图

(1)自然状况。多年冻土路段位于河谷第一阶地,地面高程260～261 m。地貌单元属于洪积地貌。河谷阶地沼泽,地面生长稀疏、矮小的塔头草,间有白桦树,但具有多年冻土地面植物特征——径小稀疏叶枯"小老头树"。第四纪土层主要为淤积而成的淤泥质粉土层,土中还可见未完全泥炭化的植物根茎、砾砂及岩石风化的残积土。第四纪土层中有孔隙潜水,主要含水层为砾砂层。

多年冻土在砾砂及风化残积土层中发育,冻土层埋藏较深,层较厚。ZK1～3号钻孔冻土人为上限深度3.4 m,冻土下限6.4 m;ZK4～5号钻孔多年冻土冻至残积土层;ZK6号钻孔多年冻土层尖灭。冻土层厚3.0～4.1 m。

(2)处理措施。

①多年冻土路段路基设计以路堤形式通过,路基高度1.06～2.54 m。

②由于多年冻土层埋深与层厚较大,路基施工全部挖出冻土有困难;多年冻土层土质又为Ⅲ级融沉性土,为避免公路建成后产生热融沉破坏,仍以破坏多年冻土的原则施工。路基施工中破坏了地面天然植被,使埋藏下面的多年冻土失去保温层,并在路基两侧挖深沟,地面积水促其下伏的多年冻土自然快速融化。变更设计,将水泥混凝土面层改为沥青混凝土面层,以利今后融沉后补修。沥青混凝土结构为4 cm中粒式沥青混凝土加上6 cm黑色碎石。

2.3.3　岛状多年冻土地段筑路的实践

1. 筑路的原则

岛状多年冻土区的多年冻土是趋于退化过程中的多年冻土,特别是公路施工过程与公路营运,改变了当地自然生态环境,地温热力传递加深,有加速多年冻土融化的趋势。根据青海省G214线冻土试验观察资料,在岛状多年冻土地区,凡年平均地温高于 -0.3℃的冻土区,无论冻土层含冰量高还是低,冻土均呈不稳定状态,绝对禁止铺设沥青混凝土或水泥混凝土路面;年平均气温低于 -1.5℃的多年冻土边缘、冻土呈零星小块分布地区,工程建设应以破坏多年冻土的原则施工为宜。本区年平均气温为3.6℃,属高温区多年冻土。从已建的哈尔滨至伊春公路为例,当时以保留多年冻土原则施工。公路建成后凡是存在岛状多年冻土的路段,都发生路基融沉病害。岛状多年冻土地区的多年冻土,有埋深浅、冻土层厚度小的现状。岛状多年冻土区路基施工,应采取破坏多年冻土的原则。具体措施如:当冻土层埋深大、冻土层厚时,施工期加速冻土融化、降低土的含水率,待地质稳定后,再建永久性工程结构;当冻土层埋深浅、冻土层薄时,可采取全部挖出冻土、换填粗颗粒土后,再建路基。

在鹤伊公路的岛状多年冻土路段施工中按上述原则执行。

2. 路基横断面的形式

岛状多年冻土仅存在于分水岭的缓坡、山谷沟口低洼沼泽地段、河谷阶地等,路基设计多以路堤形式通过,很少出现挖方路堑。路基施工时应注意两点:

(1)岛状多年冻土路段,搞好路基两侧地面的排水,保持地面不积水。水流对土层可起升温作用,加速冻土融化。

(2)路基施工时,路基边坡脚以外地面的天然植被不破坏,保持原地面的保温土层。挖出多年冻土层,换填粗颗粒土的路基形式。(图2.19)

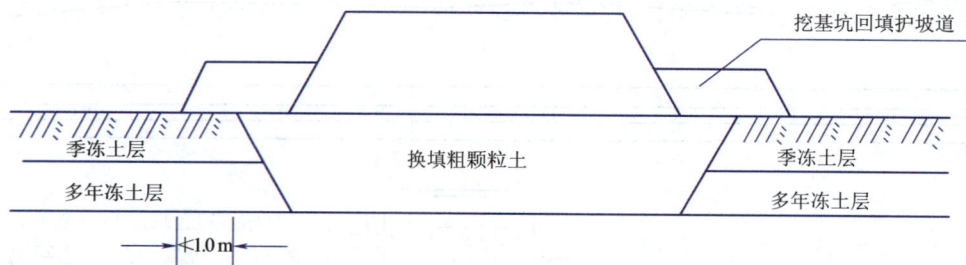

图2.19 路基换土填筑示意图

3. 桥、涵基础埋深及孔径设置

(1)桥基础:岛状多年冻土区,山区及半山区一般长流水(融化季节流水)的河流的河床下均无多年冻土存在。桥基埋深按地基承载力及满足冻结深度要求考虑即可。

(2)涵洞基础:涵洞地基无论为细粒土还是粗粒土,均须挖除冻土层换填非冻胀性材料,再做基础。

(3)小桥、涵洞的孔径设置:小桥、涵洞孔径除考虑汇水区内的流量外,当坡面有细弱地下水流出地表,由于水量小,波速慢,常常是没有流出桥、涵出水口,就在孔径内冻结,且随时间增加,冰层加厚堵塞孔径,在进水口形成壅冰,以至冰水从桥涵顶面及两侧路面漫流,中断交通,所以桥涵孔径及两侧路基的高度,除考虑正常流量外,还须考虑桥涵进水口前的壅冰高度。

4. 勘察工作

岛状多年冻土成小块分布时,公路勘察中容易被忽视,勘察中若注意多年冻土区的一些特征,也是极易发现的。工程勘察中应注意:

(1)可能存在多年冻土的微地形、地貌特征。

(2)利用地质植物学,判断有无多年冻土发育。根据多年冻土植物群落生长范围,判别岛状多年冻土的大致范围。

(3)加强岩土勘探,查明多年冻土天然上限、下限、冻土层的厚度,以便对工程结构物采取正确设计。

计 划 单

学习领域	寒区路桥工程施工技术		
学习情境	多年冻土地区路桥施工	学时	12
工作任务	多年冻土地区路基施工与养护	学时	6
计划方式	小组讨论、团结协作共同制定计划		
序　号	实施步骤		使用资源
1			
2			
3			
4			
5			
6			
制定计划说明			

班　级		第　组	组长签字	
教师签字			日　期	
计划评价	评语：			

决 策 单

学习领域	寒区路桥工程施工技术		
学习情境	多年冻土地区路桥施工	学时	12
工作任务	多年冻土地区路基施工与养护	学时	6
方案讨论			

方案对比	组号	方案合理性	实施可操作性	安全性	综合评价
	1				
	2				
	3				
	4				
	5				
	6				
	7				
	8				
	9				
	10				

方案评价	评语：

班　级		组长签字		教师签字		月　日

实 施 单

学习领域	寒区路桥工程施工技术		
学习情境	多年冻土地区路桥施工	学时	12
工作任务	多年冻土地区路基施工与养护	学时	6
实施方式	小组成员合作;动手实践		
序　号	实施步骤		使用资源
1			
2			
3			
4			
5			
6			
7			
8			
9			
10			

实施说明:

班　级		第　　组	组长签字	
教师签字			日　期	
评　语				

检 查 单

学习领域	寒区路桥工程施工技术			
学习情境	多年冻土地区路桥施工		学时	12
工作任务	多年冻土地区路基施工与养护		学时	6
序　号	检查项目	检查标准	学生自查	教师检查
1	咨询问题	回答得认真、准确		
2				
3				
4				
5				
6				
7				
8				
9				

	班　级		第　　组	组长签字	
	教师签字		日　期		
检查评价	评语:				

评 价 单

学习领域	寒区路桥工程施工技术				
学习情境	多年冻土地区路桥施工		学时		12
工作任务	多年冻土地区路基施工与养护		学时		6
评价类别	项目	子项目	个人评价	组内互评	教师评价
专业能力	资讯（10%）	搜集信息及引导问题回答			
	计划（5%）	计划可执行性和安排合理性			
	实施（20%）	实施的完整性、合理性及可执行性			
	检查（10%）	全面准确性和特殊情况处理			
	过程（5%）	安全合理、符合操作规范			
	结果（10%）	准确性、快速性			
社会能力	团结协作（10%）	合作情况及对小组贡献度			
	敬业精神（10%）	吃苦耐劳及遵守纪律			
方法能力	计划能力（10%）	计划条理性			
	决策能力（10%）	方案正确性			
	班级		姓名		学号		总评	
	教师签字		第　　组	组长签字		日期	
评价评语	评语：				

教学反馈单

学习领域	寒区路桥工程施工技术			
学习情境	多年冻土地区路桥施工	学时		12
工作任务	冻土地区路线设计与路基设计	学时		4
序　号	调查内容	是	否	理由陈述
1	了解冻土地区基底处理方法吗？			
2	会选择路堤施工填料吗？			
3	是否掌握路堤填筑压实的方法？			
4	是否了解路堤防护注意事项？			
5	知道零填、低填和路堑施工有何规定吗？			
6	掌握不良地质路段路基施工方法吗？			
7	知道路基的排水和取土坑有何要求？			
8	了解冻土地区公路主要病害吗？			
9	掌握冻土地区公路养护方法吗？			
10	你对任课教师在本任务的教学满意吗？			
11	你对自己的表现是否满意？			
12	你对小组成员之间的合作是否满意？			
13	你认为本项目还应学习哪些方面的内容？（请在下面回答）			

你的意见对改进教学非常重要,请写出你的建议和意见。

被调查人签名		调查时间	

学习情境 二

翻浆地段路基施工

学习指南

学习目标

学生在教师的讲解和引导下,明确工作任务的目的和实施中的关键要素,通过学习翻浆的发生和发展,掌握影响翻浆的因素,能够借助工具软件、设计文件及相关资料找到完成任务所需的工具、材料、方法,能够完成"翻浆的防治"和"翻浆路基的施工与养护"两项工作的内容报告。要求在学习过程中培养和锻炼职业素质,胜任在特殊环境下从事路桥工程施工的基本技能。

工作任务

1. 路基工程翻浆形成与防治
2. 翻浆路基工程施工与养护

学习情境的描述

根据季节性冻土地区路桥工程结构与施工特点,选取"路基工程翻浆形成与防治"、"翻浆路基工程施工与养护"两个工作任务作为载体,使学生通过真实的工程训练掌握工程技术人员在季节性冻土地区从事路桥工程建设有关的技术。学习的内容与组织如下:掌握翻浆的发生与发展过程、翻浆的防治措施,通过对季节性冻土地区路段进行路基填筑施工训练,掌握路基工程有关施工方法和有关养护方法;根据工程图纸,能够借助设计文件及资料找到完成任务所需的工具、材料、方法,能够完成"翻浆地区路基施工"工作任务的技术方案报告,使学生能够掌握季节性冻土地区路桥工程施工技术。

任务3　路基工程翻浆与防治

任 务 单

学习领域	寒区路桥工程施工技术		
学习情境	翻浆地段路基施工	学时	14
工作任务	路基工程翻浆形成与防治	学时	6
布置任务			
学习目标	1. 了解翻浆的发展过程 2. 了解影响翻浆的因素 3. 掌握翻浆的防治途径和措施		
任务描述	1. 识别路基翻浆的现象 2. 确定翻浆的类型 3. 确定路基翻浆的原因 4. 制定路基翻浆防治的措施 5. 确定翻浆防治的基本途径		

学时安排	资讯	计划	决策	实施	检查	评价
	1 学时	0.5 学时	0.5 学时	3 学时	0.5 学时	0.5 学时

提供资料	[1] JTGF10—2006　公路路基施工技术规范. [2] JTG/T D31—02—2003　公路软土地基路堤设计与施工技术细则. [3] JTGB01—2003　公路工程技术标准. [4] JTG/T D31—04—2012　多年冻土地区公路设计与施工技术细则. [5] 王海春. 特殊地区公路. 北京:人民交通出版社,2006. [6] 徐玫. 山区公路路基施工技术. 哈尔滨:哈尔滨工业大学出版社,2000.
对学生的要求	1. 掌握道路工程设计基本知识 2. 掌握路基常见的结构形式 3. 掌握路基工程常规施工方法 4. 必须会读识路桥工程图 5. 按学习目标完成相关任务内容 6. 必须具有团队合作的精神,以小组的形式完成工作任务 7. 严格遵守课堂纪律和工作纪律,不迟到,不早退,不旷课 8. 学生应树立职业意识,按照企业的岗位职责要求自己 9. 本项目工作任务完成后,需提交学习体会报告,要求另附

资　讯　单

学习领域	寒区路桥工程施工技术		
学习情境	翻浆地段路基施工	学时	14
工作任务	路基工程翻浆形成与防治	学时	6
资讯方式	在图书馆、专业期刊、互联网及信息单上查询问题;咨询任课教师		
资讯问题	1. 路基翻浆的发展过程如何?		
	2. 路基翻浆的主要影响因素有哪些? 自然因素有哪些?		
	3. 什么情况会加剧路基翻浆形成?		
	4. 路基翻浆的基本防治途径是什么?		
	5. 防止路基翻浆的工程措施有哪些?		
资讯引导	1. 问题的解答需要在下面的信息单中查找。 2. 参考《公路路基施工技术规范(JTGF10—2006)》《公路软土地基路堤设计与施工技术细则(JTG/T D31—02—2003)》《多年冻土地区公路设计与施工技术细则(JTG/T D31—04—2012)》等规范。 3. 王海春. 特殊地区公路. 北京:人民交通出版社,2006. 4. 徐玫. 山区公路路基施工技术. 哈尔滨:哈尔滨工业大学出版社,2000. 5. 曹永先. 道路工程施工. 北京:化学工业出版社,2010.		

信 息 单

3.1 翻浆的发生与发展

3.1.1 翻浆的发展过程

秋季,由于降水或灌溉的影响,地面水下渗、地下水位升高,使路基水分增多,为冬季水分积聚提供了必要条件。

冬季,气温下降,路基上部的土开始冻结,此时,土孔隙内的自由水在 0 ℃ 时首先冻结,形成冰晶体。当温度继续下降时,与冰晶体接触的土颗粒表面的薄膜水(弱结合水在 -0.1 ℃ ~ -10 ℃ 时冻结)受冰的结晶力的作用,移动到冰晶体上面冻结。因此,该部分土粒表面的水膜变薄,破坏了原来的吸附平衡状态,产生剩余分子引力,将吸取邻近土粒的薄膜水。

同时,当水膜变薄时,薄膜水内的离子浓度增加,产生渗透压力差。在土粒分子引力和渗透压力差的共同作用下,薄膜水就从水膜较厚处向水膜较薄处移动,并逐层向下传递。在温度为 0 ~ -3 ℃(-5 ℃)的条件下,当未冻区有充足的水源供给时,水分发生连续移动,使路基上部大量聚冰。

如果冻结线在某一深度停留时间较长,水分有充分的聚结时间,当水源供给充足时,便在冻结线附近形成聚冰层。它通常只出现在路基上部的某一深度范围内,一般有 5 ~ 30 cm 厚。聚冰层可能有一层或多层。凡聚冰层所在之处即是路基土含水率最高的地方。

在沥青路面上,由于路面材料的导热性能远大于路肩土,所以路面下的土首先冻结,于是不单是路基下部水分,而且路肩、边坡下尚未冻结的土中的水分都向路面下已冻结区土中聚集。因而路面下聚集水分特别多,从而加重聚冰层的形成。

春季化冻时,由于路面结构层的吸热和导温性较强,路面下的路基土先于路肩下的路基融化,于是路基下残余未化的冻土形成凹槽,化冻后的水分难以排出,路基上部处于过湿状态。当融化至聚冰层时,路基湿度更大,有时甚至超过液限。这样,路基在化冻过程中强度显著降低,以致丧失承载能力,在行车荷载作用下发生弹簧作用、开裂、鼓包、车辙,严重时泥浆外冒,路面大面积破坏(图 3.1 ~ 图 3.3)。

图 3.1 道路翻浆(一)

图 3.2　道路翻浆(二)

图 3.3　道路翻浆(三)

3.1.2　影响翻浆的因素

影响公路翻浆的主要因素有:土质、温度、水、路面、行车荷载、人为因素等,其中土质、温度、水三者的共同作用是形成翻浆的三个自然因素。

1. 土质

粉性土是最容易翻浆的土,这种土的毛细水上升较高,在负温度作用下水分聚流严重,而且土中的水分增多时强度降低幅度大而快,容易丧失稳定性。粉性土的毛细水上升虽高,但上升速度慢,因此,只有在水源供给充足,并且在土基冻结速度缓慢的情况下,才能形成比较严重的翻浆。粉性土和黏性土含有大量腐殖质和易溶盐时,则更易形成翻浆。砂土在一般情况下不会发生翻浆,这种土毛细水上升高度小,在冻结过程中水分聚流现象很轻,同时,这种土即使含有大量水分,也能保持一定的强度。

2. 温度

一定的冻结深度和一定的冷量(冬季各月负气温的总和)是形成翻浆的重要条件。在同样的冻结深度和冷量的条件下,冬季负气温作用的特点和冻结速度的大小对形成翻浆的影响也是很大的。例如,当初冬的时候气温较高或冷暖交替出现,温度在 $0 \sim -3 ℃(-5 ℃)$ 停留时间较长,冻结线长期停留在路面下较浅处，就会使大量水分聚流到距路面很近的地方，产生严重翻浆。反之，如冬季一开始就很冷，冻结线很快下降到距路面较深的地方，则土基上部聚冰少，就不易出现翻浆。除此之外，春天气温的特点和化冻速度对翻浆也是有影响的，如春季化冻时，天气骤暖，土基急速融化，则会加重翻浆的程度。

3. 水

翻浆的过程，就是水在路基土中转移、变化的过程。路基附近的地表积水及浅的地下水，能提供充足的水源，是形成翻浆的重要条件。秋雨及灌溉会使路基土的含水率增加，使地下水位升高，将会加剧翻浆的程度。

4. 路面结构

路面结构与类型对翻浆也有一定的影响，如在比较潮湿的土基上铺筑沥青路面后，由于沥青面层透气性较差，路基土中的水分不能通畅地从表面蒸发，使水分滞积于土基顶部与基层，导致路面失稳变形，以至出现翻浆。

5. 行车荷载

公路翻浆是通过行车荷载的作用，最后形成和暴露出来的，当其他条件相同时，在翻浆季节，交通量越大，车辆轴载越重，则翻浆越为严重。

6. 人为因素

下列情况都将加剧翻浆的形成：

（1）设计时对翻浆的因素考虑不周。路基设计高度不够，特别是低洼地带，路线没有避开不利的水文地质地带，缺乏防治翻浆的措施，以及路面结构不当、厚度偏薄等。

（2）施工质量有问题。填筑方案不合理，不同土质填料混杂填筑，或采用大量的粉质土、腐殖土、盐渍土、大块冻土等劣质填料，或分层填筑时压实度不足。

（3）养护不当。排水设施堵塞，路拱有反向坡，路面、路肩积水，对翻浆估计不足，且无适当的预防措施。

3.2 翻浆的防治

3.2.1 翻浆的分类和分级

根据导致翻浆的水类来源不同，可将翻浆分为五种类型，见表3.1。

表3.1 翻浆分类

水类来源	翻浆类型
地下水	受地下水的影响，土基经常潮湿，导致翻浆。地下水包括上层滞水、潜水、层间水、裂隙水、泉水、管道漏水等。潜水多见于平原区，层间水、裂隙水、泉水多见于山区
地表水	受地表水的影响，使土基潮湿，导致翻浆。地表水主要指季节性积水，包括路基、路面排水不良造成的路旁积水和路面积水
土体水类	因施工遇雨或用过湿土填筑路基，造成土基原始含水率过高，在负湿度作用下使上部含水率显著增加导致翻浆
气体水类	在冬季强烈的温差作用下，土中水主要以气态形式向上运动，聚集于土基顶部和路面结构层内，导致翻浆
混合水类	受地下水、地表水、土体水或气态水等两种以上水类综合作用产生翻浆，此类翻浆需根据水源主次定名

根据翻浆高峰时期路面变形破坏程度，将翻浆分为三个等级，见表3.2。

表3.2 翻浆分类

翻浆等级	路面变形破坏程度
轻	路面龟裂、湿润、车辆行驶时有微弹簧作用
中	大片裂纹、路面松散、局部鼓包、车辙较浅
重	严重变形、翻浆冒泥、车辙很深

3.2.2 翻浆现象的防治

1. 防治翻浆的基本途径

(1)防止地面水、地下水或其他水分在冻结前或冻结过程中进入路基上下。例如,在路基中设置隔离层,做好路基排水,提高路基等。

(2)在化冻时期,可以将聚冰层中的水分及时排除或暂时蓄积在渗水性好的路面结构层中,如设置排水或蓄水砂(砾)垫层等。

(3)加强路面,改善土基。如采用石灰土、煤渣石灰土结合层或路基换土等措施。

(4)在有些情况下,用一种处理措施,往往不能收到预想效果或不够经济合理,可采用两种或两种以上综合措施。

2. 防止翻浆的工程措施

(1)做好路基排水、提高路基。施工前应根据设计文件对翻浆地段进行现场详细调查,按水文、地质情况,做好场地排水工作。施工中要切实做好排水设施,防止地面水或地下水浸入路基,使路基土体保持干燥,从而减轻冻结时水分聚流的来源,这是预防和处理地面水类和地下水类翻浆的首要措施。

提高路基,增大路基边缘至地下水或地面水位间的距离,使路基上部土层保持干燥,在冻结过程中不致因过分聚冰而失去稳定,是一种效果显著、简便易行、比较经济的常用措施,主要适用于取土方便的地段。在路线穿过农田地段,为了少占农田,则应与路面结构综合考虑,以确定合理的填土高度。

在有些中、重冰冻地区及粉性地段,亦不能单靠提高路基保持道路的稳定性,要与其他措施配合应用。如在路堤填土高度受限制时,可在地槽做1%~3%的横坡,上铺15~30 cm厚的砂垫层(砂的质量以不含粉砂和杂质泥土的粗砂为宜,不宜用细砂)进行处理。

此外,在填筑路基时,必须选择渗水性好的土质,采用分层铺筑、分层压实、分层检测的方法,确保路基的压实质量。

(2)铺设隔离层。隔离层设在路基中一定深度(一般设在土基深80 cm左右)处,其目的在于防止水分进入上部路基,从而保持上部土基干燥,防止翻浆发生。

透水性隔离层。一般由碎石、砾石或细砂等做成,铺在聚冰层之下,其厚度为10~20 cm,并在其上、下面反铺草皮,防止隔离层被淤塞。隔离层的底部应高出地表水面25 cm以上,并向路基两侧做3%的横坡排水,如图3.4所示。

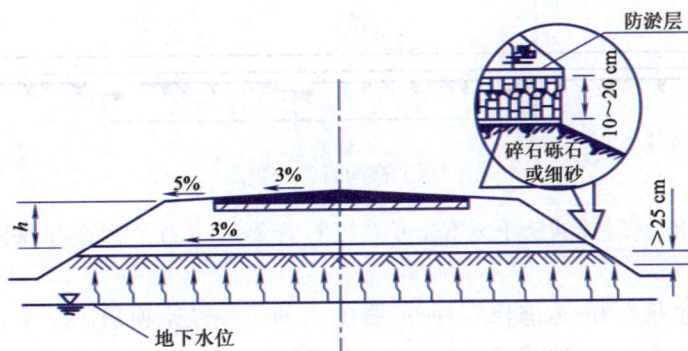

图3.4 透水性隔离层

不透水隔离层。不透水隔离层分不封闭(仅隔断毛细水)和封闭式(隔断毛细水和横向渗水)两种。

①不封闭式,如图3.5所示。当路基宽度较窄时,可横穿全路基,称为贯通式,如图3.5(a)所示;在路基较宽时,隔离层须稍延长出路面边缘外50~80 cm,此种形式称为不贯通式,如图3.5(b)所示。

②封闭式,如图3.6所示。在地面排水困难或地下水位高的路段,隔离层宜采用封闭的,封闭式隔离层可做成垂直封闭式及外斜封闭式两种。

不透水隔离层,可用两层油毡中间涂沥青铺成,也可在压实整平的土基上直接喷洒一层厚度为0.2~

0.5 cm 的沥青或渣油(用油量为 2 ~ 3 kg/m²);或在土基上铺筑 8% ~ 10% 的沥青土或 6% ~ 8% 的沥青砂(厚 2.5 ~ 3 cm),还可以在土基上直接铺塑料薄膜,等等。施工中严防石块及其他尖物刺穿不透水隔离层。

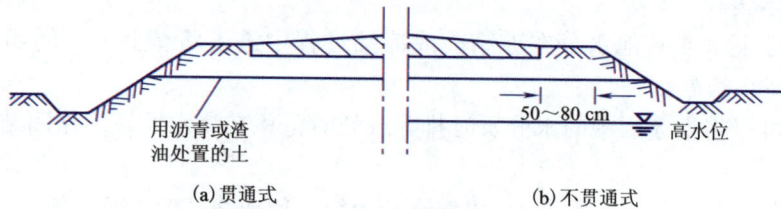

图 3.5　不封闭式隔离层

隔离层在应用中应注意以下两点:

①不透水隔离层适用于不透水路面的路基中,在透水路面下只能设透水隔离层。

②在盐渍土地区的翻浆路段,隔离层深度应同时考虑防止盐胀和次生盐渍化等要求。

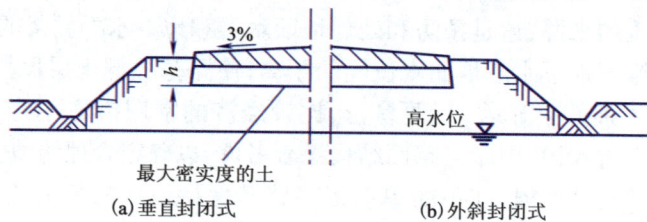

图 3.6　封闭式隔离层

(3)设路基盲沟。横向盲沟。公路总坡大于 3% 的坡腰翻浆路段,当中级路基(岔道、铺道等)基层采用透水材料时,为了及时排出透水层内的纵向水流和春融期土基化冻时的多余水分,可在路槽下设置横向盲沟,如图 3.7 所示。横向盲沟可设成人字形,纵向间距 10 m 左右,深度 20 ~ 40 cm,易淤塞,使用中应予注意。

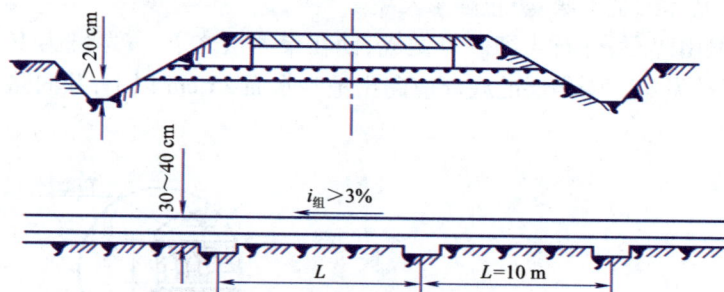

图 3.7　横向盲沟布置图

排水渗沟。为了降低路基附近的地下水位,可采用有管渗沟。为了拦截并排除流向路基的层间水,可采用截水渗沟。

(4)换土处理。采用水稳性好、冰冻稳定性好、强度高的粗颗粒土换填路基上部,可以提高土基的强度和稳定性,这是高等级公路中常用的处理方法。

换土主要适用于因路基高程限制,不允许提高路基,且附近有砂石材料可利用的路段及原有路基土质不良路段。

换填厚度根据地区情况、强度要求及换填材料等因素确定,一般换填 40 ~ 60 cm,路基就可以基本稳定。

(5)改善路面结构层。

①铺设砂(砾)垫层。砂(砾)垫层对防治翻浆主要有三方面的作用:

a. 能隔断毛细水上升。

b. 融期具有蓄水(汇集从路基化冻土基中渗出构水量)、排水(利用暗管式路瘠盲沟将砂垫层中汇集的水排出去,以疏干土基)作用。

c. 在冻结和融化时:砂(砾)垫层可减轻路面冻胀和融沉。

砂(砾)垫层适用于盛产砂石地区,可选用砂砾、粗砂或中砂为材料,要求砂中不含杂质、泥土。砂垫层路段两端,要用不透水的黏性土封闭,以防止翻浆的蔓延。施工要洒适量水,用履带式拖拉机碾压,效果较好。透水性很差的黏性土路基,一般不宜使用蓄水的砂(砾)垫层。

②石灰土结构层。石灰土防治翻浆主要有两方面的作用。

a. 由于石灰土具有一定板体性,可使行车荷载传至土基上的应力分布均匀,并逐渐扩散减小。

b. 石灰土水稳性和冰冻稳定性均较好,力学强度也较高。

③煤渣石灰土结构层。煤渣石灰土结构层防止翻浆的作用,与石灰土大致相同,水稳定性则比石灰土好。

煤渣石灰土结构层厚度可根据地区经验确定,也可按现行路面设计方法计算确定,一般应不小于15 cm;配合比一般为:石灰∶土∶煤渣 = $(8 \sim 10) : (37 \sim 20) : (55 \sim 70)$,作基层时用高限;作垫层时用低限。

采用煤渣石灰土时应注意以下几点。

a. 煤渣石灰土可处理轻、中、重冰冻地区的各种翻浆,特别适于做基层,也适于做垫层。

b. 煤渣石灰土所用的土、石灰的要求与石灰土相同,煤渣选用烧透的碎块,其中大于2 mm烧结块的含量应超过75%,大颗粒不得超过3.5 cm;细粉末不宜过多。施工要求与石灰土相同。

c. 煤渣石灰土不耐磨耗,其上必须加铺面层或沥青磨耗层。

④防冻层。在冰冻地区,对高级或次高级路面除按强度设计路面结构层的厚度外,还需按允许冻胀值核算路面总厚度,使之不小于防冻层的厚度。当填土高度不能满足规范要求时,均需按允许冻胀值对路面结构层厚度进行核算。

防冻层材料要求冰冻稳定性良好,在潮湿状态下冻结时也不产生明显冻胀。除路面面层外,还可采用炉渣、矿渣、加固土、砾石、碎石、贝壳和砂等。

水泥稳定砂砾结构层。水泥稳定砂砾结构层防治翻浆的作用,与石灰土、煤渣石灰土类似,但其强度和水稳定性则较石灰土与煤渣石灰土均高。

计 划 单

学习领域	寒区路桥工程施工技术		
学习情境	翻浆地段路基施工	学时	14
工作任务	路基工程翻浆形成与防治	学时	6
计划方式	小组讨论、团结协作共同制定计划		
序　号	实施步骤		使用资源
1			
2			
3			
4			
5			
6			
制定计划说明			

计划评价	班　级		第　组	组长签字	
	教师签字			日　期	
	评语：				

决 策 单

学习领域	寒区路桥工程施工技术		
学习情境	翻浆地段路基施工	学时	14
工作任务	路基工程翻浆形成与防治	学时	6

	方案讨论				
方案对比	组号	方案合理性	实施可操作性	安全性	综合评价
	1				
	2				
	3				
	4				
	5				
	6				
	7				
	8				
	9				
	10				
方案评价	评语：				

班　　级		组长签字		教师签字		月　日

实 施 单

学习领域	寒区路桥工程施工技术		
学习情境	翻浆地段路基施工	学时	14
工作任务	路基工程翻浆形成与防治	学时	6
实施方式	小组成员合作;动手实践		
序　号	实施步骤	使用资源	
1			
2			
3			
4			
5			
6			
7			
8			
9			
10			

实施说明:

班　级		第　组	组长签字	
教师签字			日　期	
评　语				

检 查 单

学习领域	寒区路桥工程施工技术			
学习情境	翻浆地段路基施工		学时	14
工作任务	路基工程翻浆形成与防治		学时	6
序　号	检查项目	检查标准	学生自查	教师检查
1	咨询问题	回答得认真、准确		
2				
3				
4				
5				
6				
7				
8				
9				

	班　级		第　组	组长签字	
	教师签字		日　期		

检查评价	评语：

评 价 单

学习领域	寒区路桥工程施工技术				
学习情境	翻浆地段路基施工		学时		14
工作任务	路基工程翻浆形成与防治		学时		6
评价类别	项 目	子 项 目	个人评价	组内互评	教师评价
专业能力	资讯 （10%）	搜集信息及引导问题回答			
	计划 （5%）	计划可执行性和安排合理性			
	实施 （20%）	实施的完整性、合理性及可执行性			
	检查 （10%）	全面准确性和特殊情况处理			
	过程 （5%）	安全合理、符合操作规范			
	结果 （10%）	准确性、快速性			
社会能力	团结协作 （10%）	合作情况及对小组贡献度			
	敬业精神 （10%）	吃苦耐劳及遵守纪律			
方法能力	计划能力 （10%）	计划条理性			
	决策能力 （10%）	方案正确性			
	班 级		姓 名		学号		总评	
	教师签字		第 组		组长签字		日期	
评价评语	评语：				

教学反馈单

学习领域	寒区路桥工程施工技术			
学习情境	翻浆地段路基施工	学时		14
工作任务	路基工程翻浆形成与防治	学时		6
序　号	调查内容	是	否	理由陈述
1	了解路基翻浆的发展过程吗？			
2	知道路基翻浆的主要影响因素有哪些吗？			
3	知道影响路基翻浆的自然因素有哪些吗？			
4	请问，什么情况加剧了路基翻浆形成？			
5	能回答路基翻浆的基本防治途径是什么？			
6	能回答防止路基翻浆的工程措施有哪些吗？			
7	你对任课教师在本任务的教学满意吗？			
8	你对自己的表现是否满意？			
9	你对小组成员之间的合作是否满意？			
10	你认为本项目还应学习哪些方面的内容？（请在下面回答）			

你的意见对改进教学非常重要，请写出你的建议和意见。

被调查人签名		调查时间	

任务4　翻浆路基工程施工与养护

任 务 单

学习领域	寒区路桥工程施工技术		
学习情境	翻浆地段路基施工	学时	14
工作任务	翻浆路基工程施工与养护	学时	8
布置任务			
学习目标	1. 掌握翻浆路基施工的要点 2. 掌握翻浆路基养护的内容 3. 掌握翻浆养护的措施		
任务描述	1. 识别路基翻浆的现象 2. 确定翻浆的类型 3. 确定翻浆路基施工的程序 4. 制定路基翻浆施工控制的要点 5. 确定翻浆路及养护的措施		

学时安排	资讯	计划	决策	实施	检查	评价
	2 学时	0.5 学时	0.5 学时	4 学时	0.5 学时	0.5 学时

提供资料	[1] JTGF10—2006　公路路基施工技术规范. [2] JTG/T D31—02—2003　公路软土地基路堤设计与施工技术细则. [3] JTGB01—2003　公路工程技术标准. [4] JTG/T D31—04—2012　多年冻土地区公路设计与施工技术细则. [5] 王海春. 特殊地区公路. 北京:人民交通出版社,2006. [6] 徐玫. 山区公路路基施工技术. 哈尔滨:哈尔滨工业大学出版社,2000.
对学生的要求	1. 掌握道路工程设计基本知识 2. 掌握路基常见的结构形式 3. 掌握路基工程常规施工方法 4. 必须会读识路桥工程图 5. 按学习目标完成相关任务内容 6. 必须具有团队合作的精神,以小组的形式完成工作任务 7. 严格遵守课堂纪律和工作纪律,不迟到,不早退,不旷课 8. 学生应树立职业意识,按照企业的岗位职责要求自己 9. 本项目工作任务完成后,需提交学习体会报告,要求另附

资 讯 单

学习领域	寒区路桥工程施工技术		
学习情境	翻浆地段路基施工	学时	14
工作任务	翻浆路基工程施工与养护	学时	8
资讯方式	在图书馆、专业期刊、互联网及信息单上查询问题;咨询任课教师		
资讯问题	1. 路基翻浆的发展过程如何?		
	2. 路基翻浆的主要影响因素有哪些? 自然因素有哪些?		
	3. 什么情况下,加剧路基翻浆形成?		
	4. 路基翻浆的基本防治途径是什么?		
	5. 防止路基翻浆的工程措施有哪些?		
	6. 翻浆路基施工要点是什么?		
	7. 路基翻浆的养护工程措施有哪些?		
资讯引导	1. 问题的解答需要在下面的信息单中查找。 2. 参考《公路路基施工技术规范(JTGF10—2006)》、《公路软土地基路堤设计与施工技术细则(JTG/T D31—02—2003)》、《多年冻土地区公路设计与施工技术细则(JTG/T D31—04—2012)》等规范。 3. 王海春. 特殊地区公路. 北京:人民交通出版社,2006. 4. 徐玫. 山区公路路基施工技术. 哈尔滨:哈尔滨工业大学出版社,2000. 5. 曹永先. 道路工程施工. 北京:化学工业出版社,2010.		

信　息　单

4.1　翻浆路基工程施工

道路季节性冻融翻浆主要发生在我国东北、西北各省及南方的部分地区。

4.1.1　冻胀翻浆发生过程

在秋季,由于降水的影响,地面水下渗,地下水位升高,路基水分聚集,这是路基水的聚积时期。

冬季,气温下降,路基上层的土开始冻结,路基下部土层温度仍然较高,水分在土体内由温度较高处向温度较低处移动,使路基上层水分增多,并冻结成冰,使路面冻裂或隆起,产生冻胀。

到春季(有的地区延至夏季),气温逐渐回升,路基上层的土首先融化,土基强度很快降低,以致失去承载能力,在行车作用下形成翻浆。

以后天气渐暖,蒸发量增大,路基上层水分下渗,土层变得干燥,土基强度又逐渐得到恢复,此即翻浆发展的全过程。

冻胀是翻浆过程中的一个阶段。路基下部的水向上集聚并冻结成冰,就会形成冻胀,过大的冻胀会使柔性路面出现鼓包、开裂,使刚性路面产生折断。

冻胀的大小标志着路基水分累积的多少。一般说来,冻胀大的,路基水分多,春融期间就可能发生翻浆;反之,翻浆的可能性就小。但是,有时冻胀很大并不翻浆,这是由于聚冰层位于路基的下部或路面较厚的原因,有时冻胀虽小,也发生翻浆,其原因可能是由于聚冰层位于路基上部和路面较薄的关系。

季节性冻土的冻胀和融沉与土的颗粒大小及含水率有关,一般土颗粒愈粗,含水率愈低,土的冻胀性就愈小;反之,则愈大。

季节性冻土的冻胀性分类见表4.1。

表4.1　土冻胀性分类

土的类别	土的天然含水率 ω(%)	L(m)	冻胀性类别
岩石、碎石土、砂砾、粗砂、中砂、细砂	不考虑	不考虑	不冻胀
粉　砂	$w < 14$	> 1.5	不冻胀
		≤ 1.5	弱冻胀
	$14 \leq w < 19$	> 1.5	
		≤ 1.5	冻胀
	$w \geq 19$	> 1.5	
		≤ 1.5	强冻胀
黏　性　土	$w \leq w_{p+2}$	> 2.0	不冻胀
		≤ 2.0	弱冻胀
	$w_{p+2} < w \leq w_{p+5}$	> 2.0	
		≤ 2.0	冻胀
	$w_{p+5} < w \leq w_{p+9}$	> 2.0	
		≤ 2.0	强冻胀
	$w \geq w_{p+9}$	不考虑	

4.1.2　季节性冻融翻浆路基施工要点

1. 排水

在施工前应认真了解地形及水文地质情况,凡是可能危害路基强度稳定性的地面水和地下水,均应采取有效的临时性或永久性措施,使水能迅速排出路基之外。路床面应保持良好的排水状态。从路堑到路堤必须修建过渡边沟并无阻塞现象。各层填土应有路拱,表面无积水。

施工后,各式沟、管、井、涵等能形成完整有效的排水系统。

2. 路堤

(1)原地面处理。水文地质不良和湿软地段,可视情况在地表铺填厚不小于 30 cm 的砂砾,或做局部挖除换填处理。

当路堤高度低于20cm时(包括挖方土质路段),应翻松 30～50 cm,并分层整形压实,其压实度为93%～95%,高速公路、一级公路取高限,其他公路取低限。

(2)填料。宜选用水稳性良好的土填筑路基。路基上部受冰冻影响部位,应选用水稳性和冻稳性均较好的粗粒土。禁止用冻土、非渗水性过湿土、腐殖土填筑各层路堤。压实时的含水率应控制在最佳含水率的 ±2% 范围内。

(3)取土场。宜设置集中取土场,排水困难地段更宜集中取土。

(4)碾压。各层表面碾压前应用平地机进行整平和修整路拱,切实控制松铺厚度及填料的均匀性。压实后各层表面的平整度,用 3 m 直尺测量,其间隙高度不宜大于 20 mm;成形后路床顶面应进行弯沉检查或用不小于 20 t 的压路机碾压检验有无软弹现象。

(5)路堤高度。应满足路基能全年处于干燥或中湿状态。修低路堤时,应根据具体情况采取相应技术措施。

(6)为使路基预拱度和稳定性满足设计要求,施工中各类冻融翻浆防治方法可综合选用。

3. 路堑

(1)石方段超挖回填部位应选用符合要求的石渣,压实度不得低于95%,禁止使用劣质开山料或覆盖土回填或找平。超挖部分不规则或超挖不超过 8cm 时,可用混凝土修补找平。整平层宜采用级配碎石或水泥稳定碎石、二灰稳定碎石类等半刚性材料。

(2)土质路或遇水崩解软化的风化泥质页岩等类路堑的路床压实度如不符合规定要求时,应翻松压实或根据土质情况,换填符合路床强度并满足压实度要求的足够厚度的好土,然后加强排水措施,如封闭路肩、浆砌边沟等。

(3)有裂隙水、层间水、潜水层、泉眼等路段,应分别采取切断、拦截、降低等措施,如加深边沟和设置渗沟、渗管、渗井等。

4.2　翻浆路基养护

翻浆现象是一个四季都在发生变化的过程。秋季,水分开始聚积;冬季,水分在路基中重分布;春季,水分使路基上部过分潮湿;夏季,水分蒸发、下渗,路基处于干燥状态。因此,在各个季节里,应根据病害发生的实际情况,采取相应养护措施,加强预防性的防治工作,以防止或减轻翻浆病害。

4.2.1　秋季养护

秋季养护的主要工作是排水,尽量防止水分进入路基,保持路基处于干燥状态,以减少冬季冻结过程中由于温差作用向路面下土层聚流的水分,因此秋季养护要做好以下工作。

(1)随时整修路面、路肩、边坡。路面应维护好路拱和平整度,及时处理裂纹、松散、车辙、坑槽、搓板、纵向冲沟等病害,避免积水。

路肩应保持规定的排水横坡,尤其应在雨后夯压密实,保持路肩坚实平整。边坡要保持规定坡度,要拍压密实,防止冲刷和坍塌阻塞边沟,造成积水。

(2)修整地面排水设施,保证地面排水通畅。

(3)检查地下排水设施,保证地下水能及时排出。

4.2.2 冬季养护

冬季养护的主要工作,是采取措施减轻路基水分在温差作用下向路基上层聚积的程度,同时要防止水分渗入路基。所以冬季养护包括以下工作。

(1)及时清除翻浆路段的积雪。

(2)经常上路检查,及时修补路面出现的裂缝、坑槽等,及时排除融化雪水。

(3)在往年发现有翻浆而尚未根治的路段以及发现翻浆苗头的路段,应在翻浆前做好准备工作,包括准备好抢防的用料。

4.2.3 春季养护

春季是翻浆的暴露时期,在天气转暖的情况下,翻浆发展很快,养护的主要工作是抢防。

当路面出现潮湿斑点、松散、龟裂时,表明翻浆已开始出现,对鼓包、车辙或大片裂缝、行车颠簸、路基发软等现象,应采取以下抢防措施处置:

(1)在两边路肩上,每隔 3~5 m,交错开挖横沟,沟宽一般 30~40 cm,沟深按解冻情况,逐渐加深,直到路面底层以下,沟的外口高于边沟沟底。

(2)路面坑洼严重的路段,除横向外,还应顺路面边线加修纵向小盲沟或渗水井。井的大小以不超过 40 cm 为宜,井与井的间距应根据实际情况确定,盲沟或渗水井的深度应至路面底层以下。如交通量不大,也可挖成明沟。

(3)条件许可时,应尽量绕道行车或限制重车通过,避免因行车碾压加剧路面破坏。

(4)在交通量较小的县乡公路上,可以用木料、树枝等做成柴排,铺在翻浆路段上。上面再铺碎石、砂土,以临时维持翻浆期间通车,防止将路面压坏。

4.2.4 夏季养护

夏季是翻浆的恢复期,养护的主要工作是修复翻浆破坏的路基、路面,采取根治翻浆的措施。

要查明翻浆的原因,对损坏路段的长度、起讫时间、气温变化、表面特征、养护情况等进行调查分析,作出记录,确定治理方法和措施。

计 划 单

学习领域	寒区路桥工程施工技术			
学习情境	翻浆地段路基施工	学时		14
工作任务	翻浆路基工程施工与养护	学时		8
计划方式	小组讨论、团结协作共同制定计划			
序　号	实施步骤			使用资源
1				
2				
3				
4				
5				
6				
制定计划说明				

班　级		第　组	组长签字	
教师签字		日　期		

计划评价	评语:

决 策 单

学习领域	寒区路桥工程施工技术		
学习情境	翻浆地段路基施工	学时	14
工作任务	翻浆路基工程施工与养护	学时	8
方案讨论					
方案对比	组号	方案合理性	实施可操作性	安全性	综合评价
	1				
	2				
	3				
	4				
	5				
	6				
	7				
	8				
	9				
	10				
方案评价	评语:				

班 级		组长签字		教师签字		月 日

实　施　单

学习领域	寒区路桥工程施工技术			
学习情境	翻浆地段路基施工		学时	14
工作任务	翻浆路基工程施工与养护		学时	8
实施方式	小组成员合作;动手实践			
序　号	实施步骤		使用资源	
1				
2				
3				
4				
5				
6				
7				
8				
9				
10				

实施说明:

班　级		第　　组	组长签字	
教师签字			日　期	
评　语				

检 查 单

学习领域	寒区路桥工程施工技术			
学习情境	翻浆地段路基施工		学时	14
工作任务	翻浆路基工程施工与养护		学时	8
序 号	检查项目	检查标准	学生自查	教师检查
1	咨询问题	回答得认真、准确		
2				
3				
4				
5				
6				
7				
8				
9				

	班 级		第 组	组长签字	
	教师签字		日 期		

检查评价

评语：

评 价 单

学习领域	寒区路桥工程施工技术				
学习情境	翻浆地段路基施工		学时		14
工作任务	翻浆路基工程施工与养护		学时		8
评价类别	项　目	子项目	个人评价	组内互评	教师评价
专业能力	资讯 （10%）	搜集信息及引导问题回答			
	计划 （5%）	计划可执行性和安排合理性			
	实施 （20%）	实施的完整性、合理性及可执行性			
	检查 （10%）	全面准确性和特殊情况处理			
	过程 （5%）	安全合理、符合操作规范			
	结果 （10%）	准确性、快速性			
社会能力	团结协作 （10%）	合作情况及对小组贡献度			
	敬业精神 （10%）	吃苦耐劳及遵守纪律			
方法能力	计划能力 （10%）	计划条理性			
	决策能力 （10%）	方案正确性			

班　级		姓　名		学号		总评	
教师签字		第　组	组长签字			日期	

评价评语	评语：

教学反馈单

学习领域	寒区路桥工程施工技术			
学习情境	翻浆地段路基施工	学时		14
工作任务	翻浆路基工程施工与养护	学时		8
序　号	调查内容	是	否	理由陈述
1	了解路基翻浆的发展过程吗？			
2	知道路基翻浆的主要影响因素有哪些吗？			
3	知道影响路基翻浆的自然因素有哪些吗？			
4	请问，什么情况加剧了路基翻浆形成？			
5	能回答路基翻浆的基本防治途径是什么？			
6	能回答防止路基翻浆的工程措施有哪些吗？			
7	知道翻浆路基施工要点是什么吗？			
8	回答路基翻浆的养护工程措施有哪些？			
9	你对任课教师在本任务的教学满意吗？			
10	你对自己的表现是否满意？			
11	你对小组成员之间的合作是否满意？			
12	你认为本项目还应学习哪些方面的内容？（请在下面回答）			

你的意见对改进教学非常重要，请写出你的建议和意见。

被调查人签名		调查时间	

学习情境 三

涎流冰地段路基施工

学习指南

学习目标

学生在教师的讲解和引导下,明确工作任务的目的和实施中的关键要素,通过识别冰害现象,了解涎流冰的分类,掌握公路冰害的防治办法,能够借助工具软件、设计文件及相关资料找到完成任务所需的工具、材料、方法,能够完成"公路冰害的防治"和"涎流冰路基工程施工"两项工作的内容报告。要求在学习过程中培养和锻炼职业素质,掌握在特殊环境下从事路桥工程施工的基本技能。

工作任务

1. 公路冰害识别与防治
2. 涎流冰路基工程施工

学习情境的描述

根据寒区公路冰害的特点,选取了"冰害识别与防治"、"涎流冰路基工程施工"等两个工作任务作为载体,使学生通过真实的工程训练掌握工程技术人员在寒区从事路桥工程建设有关的工作技能。学习的内容与组织如下:识别冰害现象、了解冰害防治常识、掌握涎流冰路基施工特点,通过对涎流冰路基施工工程实践训练,掌握涎流冰路基工程有关施工方法;根据工程图纸,能够借助设计文件及资料找到完成任务所需的工具、材料、方法,能够完成"涎流冰路基施工"工作任务的技术方案报告,使学生掌握寒区路桥工程施工技术。

任务5　公路冰害识别与防治

任　务　单

学习领域	寒区路桥工程施工技术		
学习情境	涎流冰地段路基施工	学时	6
工作任务	公路冰害识别与防治	学时	2
布置任务			
学习目标	1. 能够识别公路冰害现象 2. 了解公路冰害防治常识		
任务描述	1. 识别公路冰害的现象 2. 了解涎流冰的分类 3. 了解涎流冰的防治措施		

学时安排	资讯	计划	决策	实施	检查	评价
	0.5 学时	0 学时	0 学时	1 学时	0 学时	0.5 学时

提供资料	[1] JTGF10—2006　公路路基施工技术规范. [2] JTG/T D31—02—2003　公路软土地基路堤设计与施工技术细则. [3] JTGB01—2003　公路工程技术标准. [4] JTG/T D31—04—2012　多年冻土地区公路设计与施工技术细则. [5] 王海春. 特殊地区公路. 北京:人民交通出版社,2006. [6] 徐玫. 山区公路路基施工技术. 哈尔滨:哈尔滨工业大学出版社,2000.
对学生的要求	1. 掌握公路冰害的识别方法 2. 掌握涎流冰的分类情况 3. 掌握公路冰害的防治办法 4. 必须会读识路桥工程图 5. 按学习目标完成相关任务内容 6. 必须具有团队合作的精神,以小组的形式完成工作任务 7. 严格遵守课堂纪律和工作纪律,不迟到,不早退,不旷课 8. 应树立职业意识,按照企业的岗位职责要求自己 9. 本项目工作任务完成后,需提交学习体会报告,要求另附

资 讯 单

学习领域	寒区路桥工程施工技术		
学习情境	涎流冰地段路基施工	学时	6
工作任务	公路冰害识别与防治	学时	2
资讯方式	在图书馆、专业期刊、互联网及信息单上查询问题;咨询任课教师		
资讯问题	1. 涎流冰的概念和分类是什么?		
	2. 公路冰害现象有哪些? 各有什么危害?		
	3. 公路冰害一般如何防治?		
	4. 挡冰墙适用范围是什么?		
	5. 聚冰沟和聚冰坑适用范围有哪些?		
	6. 挡冰堤适用范围是什么?		
	7. 地下排水设施适用范围有哪些?		
资讯引导	1. 问题的解答需要在下面的信息单中查找。 2. 参考《公路路基施工技术规范(JTGF10—2006)》、《公路软土地基路堤设计与施工技术细则(JTG/T D31—02—2003)》、《多年冻土地区公路设计与施工技术细则(JTG/T D31—04—2012)》等规范。 3. 王海春. 特殊地区公路. 北京:人民交通出版社,2006. 4. 徐玫. 山区公路路基施工技术. 哈尔滨:哈尔滨工业大学出版社,2000. 5. 曹永先. 道路工程施工. 北京:化学工业出版社,2010.		

信　息　单

5.1　公路冰害的发生

在寒冷地区,河水冻结可对桥梁浅桩产生冻拔,使小桥涵形成冰塞,引起构造物冻裂,冻结时大量流冰对桥梁墩台产生巨大冲击,以致形成冰坝威胁桥梁安全;在地下水或地面水浸溢到地面或冰面时,逐层冻结而形成涎流冰覆盖道路,会造成行车道凸凹不平或形成冰块、冰槽等,严重影响行车的安全;若堵塞桥孔则会挤压上部结构导致损坏。

为防治桥基冻拔,可适当加大桩深。对于冰塞现象,除经常清除涵内冰冻外,必要时可适当加大孔径和涵底纵坡或在上游采用聚冰或冰坝等构造物。

为避免气温突变解冻的流水对桥墩台、桩的冲击,一般可在桥位上游设置破冰体,并在临近解冻前,在桥位下游对封冻冰面用人工或爆破方法开挖冰池及时疏导。冰池长度为河宽的 1 ~ 2 倍,宽为河宽的 1/3 ~ 1/4,并不小于最大桥跨。如水面宽度小于 30 m 时,冰池长度宜增加到水面宽的 5 倍,并在接近冰池下游开挖 0.5 m 宽的横向冰沟。在危急时,应在下游将冰块凿开逐一送入冰层下冲走,在上游将流冰人工撬开或用炸药炸开予以清除。

公路上的涎流冰面积一般有数平方米到数千平方米,有的可达数万平方米,其厚度一般为数厘米到数米。涎流冰主要分布在我国东北大、小兴安岭和长白山地区及西藏、川西和西北地区海拔 2 500 ~ 3 000 m 以上的山地和高原上(图 5.1 ~ 图 5.5)。

图 5.1　涎流冰(一)

图 5.2　涎流冰(二)

图 5.3　涎流冰(三)

图 5.4　涎流冰(四)

图 5.5　涔流冰(五)

5.2　公路冰害的防治

涔流冰可分为河谷涔流冰和山坡涔流冰,前者主要危害桥涵,后者主要危害公路路面。

5.2.1　河谷涔流冰防护方法

(1)桥梁上游如有大片地形低洼的荒地,可用土坝截流。

(2)河床纵坡不大的河流,可于入冬初,在桥下游筑土坝,使桥梁上下游各约 50 m 范围形成水池,水面结冰坚实后,在水池部位上游开挖人字形冰沟,以利集中水源。同时挖开下游河床最深处的土坝,放尽池内存水,保持上下游进出口不被堵塞,使水从冰层下流动。

(3)于桥位上下游各 30～50 m 的水道中部顺流开挖冰沟,用树枝柴草覆盖,再加铺土或雪保温,并经常检修,保持冰沟不被冻塞,于解冻时拆除。

5.2.2　山坡涔流冰的主要防治措施

1. 聚冰沟与聚冰坑

聚冰沟多用于拦截冲积扇沟口处的泉水涔流冰和地势较缓的山坡涔流冰;聚冰坑多用于水量较小、边坡不高的堑坡涔流冰,用以积聚涔流冰不使其上路,见图 5.6 及图 5.7。

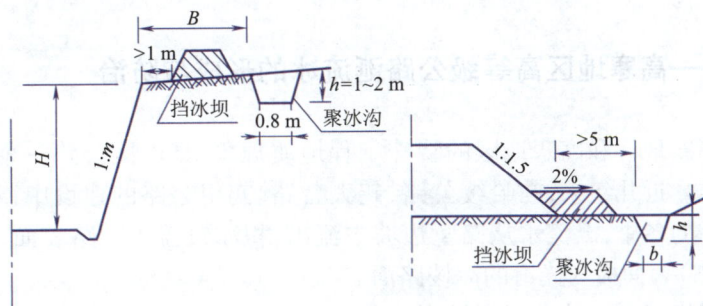

图 5.6　聚冰沟

干土处 $B > 3$ m;

湿土处 $B \geqslant H + 5$ m;

H 为路堑高度。

2. 挡冰墙

挡冰墙适用于涌水量不大的山坡涔流冰和挖方边坡涔流冰,用以阻挡和积聚涔流冰,防止其上路,如图 5.8 所示。

挡冰墙一般用浆砌片石、块石筑成,高度需根据冰量而定,一般为 50～120 cm,顶宽 40～50 cm。基础埋置深度按土质、积冰量及当地冰冻深度等情况确定:当积冰量较大时,可与聚冰坑配合使用。

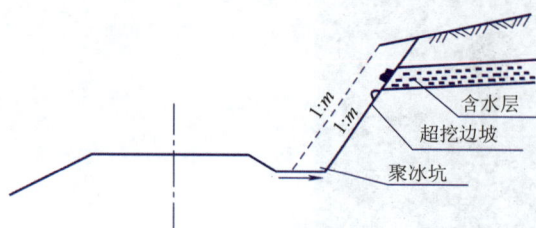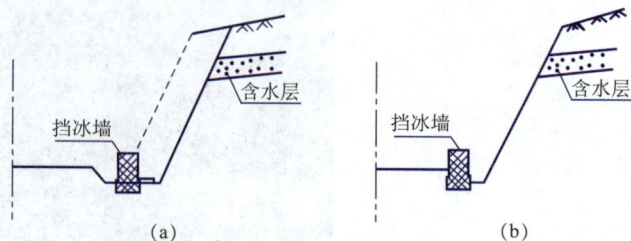

图 5.7　聚冰坑　　　　　　　　　　　　图 5.8　挡冰墙

3.挡冰堤

挡冰堤适用于地势平坦、涌水量不大的山坡涎流冰和径流量不大的小型沟谷涎流冰。挡冰堤修筑在路基外,山坡地下水露头的下侧或沟谷内桥涵的上游,用以阻挡涎流冰,减小其漫延的范围。见图5.9。

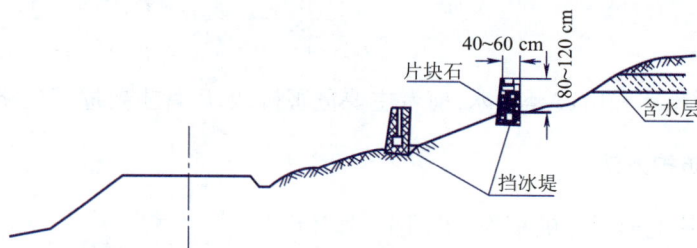

图 5.9　挡冰堤

山坡上的涎流冰,可采用柴草、草皮或石砌的长堤予以拦截:在沟谷内一般采用干砌石堤,以利秋夏排水。挡冰堤的长、宽、高和道数按当地的地形及涎流冰数量确定,基础埋置深度按当地土质和冰冻深度而定。

4.设置地下排水设施

适用于一般寒冷和严寒地区,常用的有集水渗井、渗池、排水暗管和盲沟等。必要时在出口处设置保温措施或出口集水井。

5.涎流冰清除

对流至路面的涎流冰要及时清除,撒布砂、炉渣、矿渣、石屑、碎石等防滑材料或氯化钙、氯化钠等盐类防冻剂,以防行车产生滑溜,并设置明显标志。当冰层在盐类物质和行车作用下变软时,应立即将冰层铲除,以防降温重新冻结,并应重撒防滑材料。

5.3　工程实践案例——高寒地区高等级公路涎流冰的形成与防治

涎流冰是我国北方寒冷地区和高寒地区的特殊工程地质现象,是山区公路一种常见的工程地质病害,在工程地质学中称为冰锥。近几年来,在哈绥公路、鹤大公路、鹤伊公路的建设中,不同程度出现由涎流冰产生的公路病害。在寒冷的冬季,涎流水从路堑边坡中流出,积冰覆盖于公路表面,形成一种内高(山坡上侧)外低(靠冲沟或河谷侧)表面极为光滑的冰棱路面。

涎流冰本身对汽车司机就有一种光照刺眼、寒气逼人的心里威胁,轻者造成交通堵塞危及行车安全,重者出现车毁人亡的严重交通事故。春暖冰雪消融,水分渗入路基内,常常会引起道路翻浆,路基出现不均匀沉陷,边坡滑坍等,导致一些黑色路面出现裂缝而破坏,影响正常的交通运输。

5.3.1　山区公路产生涎流冰的因素及其形成的条件

1.地质构造特征

鹤大公路七台河—鸡西段出现涎流冰的路段,一般表土为透水性良好的风化山砂,下卧层为未风化的花岗岩或泥岩,是天然的不透水层,形成了良好的隔水底板。夏秋季节大气降水不断的补给,由地表向下渗透,形成一个特殊的储水构造,冬季表土封冻后,在山区公路越岭垭口处形成承压水盆地,在半挖的山坡残积层上形成了斜坡储水构造,有利于地下水的汇集和储存。进入冬季,地表土层逐渐向地层深处冻结,改变了含水层的厚度和原来地下水的运动动态特征。

2. 形成涎流冰的水源

形成涎流冰的水源以浅层地下水为主,该地区的浅层地下水主要以地表水渗入地层内补给,在不透水层以上形成的孔隙水为涎流冰的主要水源。通过对鹤大公路七台河—鸡西段出现的涎流冰路段的调查,在山区公路越岭垭口处和半挖的山坡残积层中有较丰富的浅层地下水。路线上侧具有一定的汇水面积,地下水埋藏深度比较浅,通过挖深试坑的剖面可以看出,下卧层泥岩的走向基本是随地表坡面向路线方向倾斜,形成了较好的径流条件。表土为多孔性的风化砂,有较好的渗透性,因此,含水层由于开挖路堑或其他人工活动被揭露后,地下水渗流通道被切断,即溢出地表。当流速比较缓慢,不能及时排到路基以外时,在冬季气温下降至负温度的条件下,溢出地表的液体水凝固成固体的冰。随着负温度的持续,冰体不断增殖漫延,直至横覆于公路表面,沿着路线的纵向坡度,向低处延伸扩展,形成具有一定长度的公路涎流冰病害。其发育的规模与夏秋季节大气降水的丰贫有直接关系,降水量越大,冬季涎流冰发育程度和伸展的规模也就越大。

3. 特定的气候条件

所谓特定的气候条件就是负温度,鹤大公路七台河—鸡西段公路位于小兴安岭和老爷岭交汇处,属季节性冰冻地区,冬季气温比较寒冷,伴随冬季的到来,气温迅速下降,在负温度的作用下,促使地表上层由上向下逐渐向地层的深处冻结,含水层的厚度也随之减薄,使无压的地下水出现承压状态,随着温度继续下降,冻结线也逐渐下移,水压力继续增大,迫使地下水不断从挖方边坡或地层的薄弱处溢出地表,随流随冻,结成的冰体逐渐增大,最后漫延扩展形成涎流冰,其发育的程度与气候关系很大,该地区一般在每年的12月至下一年的2月气温最低,大气温度可下降至 −35 ℃,故一般在每年的12月至下一年的2月是地层冻结深度最大和地下水动力特征变化最明显的时期,也是涎流冰发育的高潮时期。

4. 地形和地貌特征

通过实地调查可以看出,发生涎流冰的路段,一般都在山前坡地的缓坡和越岭垭口的山间洼地处,其上侧具有较大的汇水面积,有利于大气降水的汇集,坡面上有一定植被覆盖或耕地,是天然良好的拦水蓄水构造物。表土大部分为风化砂砾土,有较好的渗透能力,为浅层地下水的集聚和渗透创造了良好的条件。含水层埋藏深度比较浅,由于人工活动破坏了原来的坡面,潜水层被揭露,地下水溢出,冬季由于负温度的作用,即形成涎流冰。

5. 土的性质

土的性质与涎流冰的发育程度及规模有密切的关系,一般来讲透水性比较好的砂或砂砾等土质,对地下水的渗透和排泄都比较快。但如果其下部存在不透水的隔离层(泥岩或未风化的密实基岩)就会聚集在蓄水层内形成层间水或潜水,在冬季到来之前层间水还不能完全排出,在上述一些条件作用下,即形成了涎流冰。

5.3.2 涎流冰的防治

防治公路涎流冰的技术问题,目前还处在研究试验阶段。在北方几省,特别是内蒙古东部林区,黑龙江省大小兴安岭一带,涎流冰对公路的危害是比较严重的,一些低等级道路一般采取刨冰、垫土、撒沙等简单的手段,勉强维持通车,起不到根治的目的。

对涎流冰的防治工作应按照预防为主,防治结合的方针,在勘测设计阶段就应首先着手这方面的工作。必须进行深入细致的水文地质调查,收集含水层的高程、含水层的厚度、渗透系数、地下水的流动方向、涌水量等水文地质的定量指标,结合路线所处的地形和地貌条件,选择正确的治理方案,采取符合实际、经济有效的防治措施和方法。

鹤大公路七台河—鸡西段公路于1997年3月开工,同年9月完成了路基土石方和小桥涵工程的施工。当年12月在路基工程的挖方施工时,发现 K22 + 540、K37 + 800、K38 + 050 附近挖方路堑的路基底层和边坡的底部有地下水出现,并形成了长 50 m 左右,冰厚 45 cm 左右,全路幅的严重涎流冰。春融后路槽浸水产生严重翻浆,路面基层无法施工,边坡出现滑坍等严重的病害。

针对涎流冰对公路施工造成的危害,我们采取了相应的防治措施,重点阐述一下对 K38 + 050 路段的防治方法。

通过对该段路线的水文地质、地形、地貌及其路基横断面形式的调查得知,地表花岗岩风化层较厚,前进方向右边坡较左边坡风化深度大,风化程度较强。未风化基岩呈单向倾斜(见图5.10),地下水径流流量较大,涌水量最大断面在蓄水层和基岩接触面上,富水层在左路肩高程以上,水流方向与路线方向垂直,路槽内有地下水涌出。路线下侧地形比较开阔,接近太平沟,便于水流排泄。

对此,根据涎流冰的形成特点和地形地貌特征,采取了截水盲沟与排水渗沟相结合的防治方案。

在平面上,截水盲沟基本与路线平行,与地下水的渗流方向垂直。盲沟的渗流汇集段长度为65 m,盲沟纵坡3.5%,底面高程设在基岩层上,完全切断了层间水渗流到路基的通道,起到截水、集水和排水的作用。排水渗沟与路线垂直,横穿路基,一方面汇集路槽内的地下水,同时还要把截水盲沟汇集的水通过路基底下排出到山坡以外,防止涎流冰在路堑内积聚形成冰夹层。盲沟及渗沟横断面见图5.11。

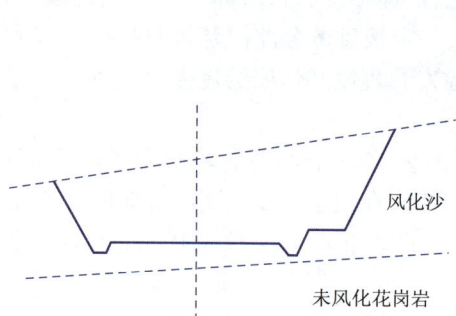

图5.10 风化基岩单向倾斜

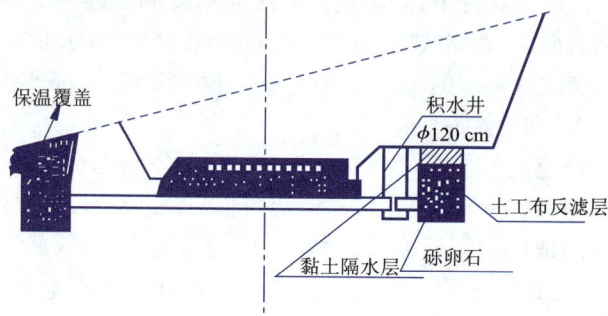

图5.11 盲沟及渗沟横断面

排水渗沟与截水盲沟接头处设置积水井,用作对渗沟排水和渗流的检查。同时渗流过程夹带的细泥沙可以在井底沉淀,渗沟排除的水均为清水,防止在渗沟内淤积,井底以下30 cm,暗管为钢筋混凝土管,内径50 cm,横穿路基,将地下水(层间水)排入太平沟。暗管纵坡3%,在出口处用浆砌片石防止水流冲刷坡面,保证水流畅通,在出水口加保温覆盖物,防止出水口冻死。经过一年的使用观察,该排水措施加快了地下水的汇集和排泄,一年四季地下水都能通过渗水盲沟和暗管排到路基以外,涎流冰已完全消除。

在其他路段采用拦冰墙和截水暖沟的防治措施,将水引入涵洞排出路基以外,也取得较好的效果。

5.3.3 防治工作总结

(1)对涎流冰的防治工作,应以预防为主。首先,在勘测设计阶段,对沿线的水文地质条件要进行详细的勘察。对有可能出现涎流冰的路段,在不增加营运里程的前提下,最好采取绕行的改线方案。受地形条件限制或其他原因,路线必须通过时,在不过大增加工程量,又要保证路基稳定,最好不破坏含水层,采用包线设计为宜。

(2)防治的关键在于防水,对产生涎流冰的路段,采用的防治方法和措施原则上应以输、导、排为主,彻底解决水的出路问题。

(3)寒冷山区公路,路基的稳定和变形与地下水的高度和地面排水条件有很大关系,是路基沉陷滑坍的重要因素。防治涎流冰应结合路基排水系统,采用一举两得的有效防治方法,达到综合治理的目的,使之既能有效排出地表涎流冰的地下水源,特别是采用的地面防治措施,更应很好地与路线排水紧密的配合,减少工程费用。

(4)在山区高等级公路对涎流冰的防治所采用的方法和措施,应结合实地的地形、地貌及水文地质条件,因地制宜选择治理方案。对于层间水出露断面距离路线比较远,地面坡度较缓,基岩埋置深度不太深的情况下,可以选择截水沟、挡冰墙(坝)一类的防治措施。应尽量避免形成较大的冲沟对路线产生新的危害,更不能因为水流冲刷产生水土流失,造成严重的环境污染。

(5)对沿溪线(或傍沟路线)地下水出露距路线比较近,地表横坡不大,路线下侧地形开阔有利于水流排泄,地表植被情况较好的情况,可以采用渗水路堤或渗水盲沟的防治措施,将地下水排到路基以外。

总之,对涎流冰的防治,是一项技术上比较复杂,针对性比较强的工作。在选择防治方案时,应本着因地制宜、就地取材的原则,既能使采用的防治措施收到明显的效果,又能经济合理,达到根治的目的。

计 划 单

学习领域	寒区路桥工程施工技术			
学习情境	涎流冰地段路基施工	学时		6
工作任务	公路冰害识别与防治	学时		2
计划方式	小组讨论、团结协作共同制定计划			
序　号	实施步骤			使用资源
1				
2				
3				
4				
5				
6				
制定计划说明				
计划评价	班　级		第　组	组长签字	
	教师签字		日　期		
	评语：				

决 策 单

学习领域	寒区路桥工程施工技术			
学习情境	涎流冰地段路基施工		学时	6
工作任务	公路冰害识别与防治		学时	2
方案讨论				

方案对比	组号	方案合理性	实施可操作性	安全性	综合评价
	1				
	2				
	3				
	4				
	5				
	6				
	7				
	8				
	9				
	10				

方案评价	评语：

班 级		组长签字		教师签字		月 日

实 施 单

学习领域	寒区路桥工程施工技术		
学习情境	涎流冰地段路基施工	学时	6
工作任务	公路冰害识别与防治	学时	2
实施方式	小组成员合作;动手实践		
序　号	实施步骤		使用资源
1			
2			
3			
4			
5			
6			
7			
8			
9			
10			

实施说明:

班　级		第　组	组长签字	
教师签字			日　期	
评　语				

检 查 单

学习领域	寒区路桥工程施工技术				
学习情境	涎流冰地段路基施工		学时		6
工作任务	公路冰害识别与防治		学时		2
序　号	检查项目	检查标准	学生自查		教师检查
1	咨询问题	回答得认真、准确			
2					
3					
4					
5					
6					
7					
8					
9					

	班　　级		第　　组	组长签字	
	教师签字		日　　期		
检查评价	评语：				

评　价　单

学习领域	寒区路桥工程施工技术				
学习情境	涎流冰地段路基施工		学时		6
工作任务	公路冰害识别与防治		学时		2
评价类别	项　　目	子　项　目	个人评价	组内互评	教师评价
专业能力	资讯 （10%）	搜集信息及引导问题回答			
	计划 （5%）	计划可执行性和安排合理性			
	实施 （20%）	实施的完整性、合理性及可执行性			
	检查 （10%）	全面准确性和特殊情况处理			
	过程 （5%）	安全合理、符合操作规范			
	结果 （10%）	准确性、快速性			
社会能力	团结协作 （10%）	合作情况及对小组贡献度			
	敬业精神 （10%）	吃苦耐劳及遵守纪律			
方法能力	计划能力 （10%）	计划条理性			
	决策能力 （10%）	方案正确性			
	班　　级		姓　　名		学号	总评
	教师签字		第　　组	组长签字		日期
评价评语	评语：				

教学反馈单

学习领域	寒区路桥工程施工技术			
学习情境	涎流冰地段路基施工	学时		6
工作任务	公路冰害识别与防治	学时		2
序　号	调查内容	是	否	理由陈述
1	了解公路冰害现象吗？			
2	了解公路冰害的危害有哪些吗？			
3	了解公路冰害的防治方法有哪些吗？			
4	了解冰害各种防治方法的适用范围吗？			
5	你对任课教师在本任务的教学满意吗？			
6	你对自己的表现是否满意？			
7	你对小组成员之间的合作是否满意？			
8	你认为本项目还应学习哪些方面的内容？（请在下面回答）			
9				
10				
11				
12				

你的意见对改进教学非常重要，请写出你的建议和意见。

被调查人签名		调查时间	

任务6　涎流冰路基工程施工

任 务 单

学习领域	寒区路桥工程施工技术		
学习情境	涎流冰地段路基施工	学时	6
工作任务	涎流冰路基工程施工	学时	4
布置任务			

学习目标	1. 能够识别公路冰害现象 2. 了解公路冰害防治常识 3. 了解涎流冰路基施工规定 4. 熟悉涎流冰路基工程实践做法
任务描述	1. 识别公路冰害的现象 2. 了解涎流冰的分类 3. 了解涎流冰的防治措施 4. 掌握涎流冰路基施工实践过程

学时安排	资讯	计划	决策	实施	检查	评价
	1 学时	0.5 学时	0.5 学时	1 学时	0.5 学时	0.5 学时

提供资料	［1］JTGF10—2006　公路路基施工技术规范. ［2］JTG/T D31—02—2003　公路软土地基路堤设计与施工技术细则. ［3］JTGB01—2003　公路工程技术标准. ［4］JTG/T D31—04—2012　多年冻土地区公路设计与施工技术细则. ［5］王海春.特殊地区公路.北京:人民交通出版社,2006. ［6］徐玫.山区公路路基施工技术.哈尔滨:哈尔滨工业大学出版社,2000.
对学生的要求	1. 掌握公路冰害的识别方法 2. 掌握涎流冰的分类情况 3. 掌握公路冰害路段的施工方法 4. 必须会读识路桥工程图 5. 按学习目标完成相关任务内容 6. 必须具有团队合作的精神,以小组的形式完成工作任务 7. 严格遵守课堂纪律和工作纪律,不迟到,不早退,不旷课 8. 应树立职业意识,按照企业的岗位职责要求自己 9. 本项目工作任务完成后,需提交学习体会报告,要求另附

资 讯 单

学习领域	寒区路桥工程施工技术		
学习情境	涎流冰地段路基施工	学时	6
工作任务	涎流冰路基工程施工	学时	4
资讯方式	在图书馆、专业期刊、互联网及信息单上查询问题;咨询任课教师		
资讯问题	1. 涎流冰的概念和分类是什么?		
	2. 公路冰害现象有哪些? 各有什么危害?		
	3. 公路冰害一般如何防治?		
	4. 挡冰墙适用范围是什么?		
	5. 聚冰沟和聚冰坑适用范围有哪些?		
	6. 挡冰堤适用范围是什么?		
	7. 涎流冰路段路基施工实践过程。		
资讯引导	1. 问题的解答需要在下面的信息单中查找。 2. 参考《公路路基施工技术规范(JTGF10—2006)》、《公路软土地基路堤设计与施工技术细则(JTG/T D31—02—2003)》、《多年冻土地区公路设计与施工技术细则(JTG/T D31—04—2012)》等规范。 3. 王海春. 特殊地区公路. 北京:人民交通出版社,2006. 4. 徐玟. 山区公路路基施工技术. 哈尔滨:哈尔滨工业大学出版社,2000. 5. 曹永先. 道路工程施工. 北京:化学工业出版社,2010.		

信 息 单

6.1 涎流冰路基工程施工准备

1. 一般规定

(1)路线通过涎流冰地段,应对当地地形、气象、涎流冰的水源、类型及规模、危害情况及当地防治经验等进行调查。

对河谷涎流冰还应调查汇水面积、水位、流量等资料。

(2)在冰冻或高寒地区,路线应尽量设在干燥的阳坡上,并以路堤或浅挖方形式通过为宜。

(3)涎流冰地段的路基设计,应以防为主,防治结合,路线应避让涎流冰严重地段,当必须通过时,尽量不切割含水层或采取排、挡、截等防治措施进行处理。

山坡涎流冰除设法将山坡水引离外,还可采用挡冰墙、聚冰坑或挡冰堤、聚冰沟等设施。当山坡地下水量较大时,可设置渗沟、暗沟等地下排水设施。

聚冰沟或聚冰坑应设净空较高的涵洞排除融冰水。

对河谷涎流冰,一般应提高路基,并采用跨径较大的桥涵跨越,以免涎流冰溢上路面。

2. 防治措施

(1)桥涵。当采用桥涵跨越涎流冰时,桥涵净空应满足历年最高涎流冰冰位加壅冰高度,再加0.5m安全高度。

跨越涎流冰的桥梁、涵洞在冬季易被积冰堵塞,净空应适当提高;在进口附近可采用清理沟床或设置聚冰坑等方法。

(2)聚冰沟和挡冰堤。对于冲积扇或缓山坡上的涎流冰,可在路基上边坡外设置聚冰沟。聚冰沟可设置多道。第一道聚冰沟应从水源起顺山坡或沟谷布设,将水导入附近的河沟或桥涵。

聚冰沟横断面应根据地形、地质、水量、聚冰量确定,一般沟深为 1~2 m,底宽为 0.8~1.0 m。

挡冰堤宜用开挖聚冰沟的土石在沟的下方填筑,一般高 0.8~1.2 m,堤顶宽为 0.6~1.0 m,边坡不宜陡于1:1.5,当采用干砌片石时,边坡可陡至 1:0.5。

3. 挡冰墙和聚冰坑

挡冰墙应设在边沟外侧,并采用浆砌片、块石砌筑;当为干砌时,应采用大块石砌筑。挡冰墙高度由聚冰量确定,一般为 1~2 m,顶宽为 0.4~0.6 m,外侧边坡为 1:0.2,内坡可直立。

当聚冰量大时,可在挡冰墙外侧设置聚冰坑。一般可利用天然山坳或由超挖边坡筑成(图6.1)。聚冰坑的大小,由聚冰量确定,一般底宽为 1.5~3.0 m。

土质地段的聚冰坑,可根据坡面渗水和土质情况,在边坡坡脚设置干砌片石矮墙。边沟应采用浆砌片石防护。

4. 地下排水措施

当有地下水出露时,可采用渗沟、暗沟等地下排水设施,将地下水引离路基。

地下排水设施应设在冻结深度以下,并做好出水口的保温措施。

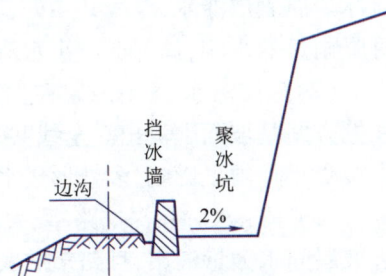

图 6.1 挡冰墙和聚冰坑

6.2 涎流冰路基施工实践

6.2.1 自然概况

鹤岗至伊春公路位于小兴安岭东南部,属寒温带大陆性气候。冬季寒冷多雪,夏季短暂、降雨量大。沿线地质构造复杂,岩石风化严重、裂缝多。山坡多为覆盖良好的落叶层,下层为风化岩,局部为第四纪松散坡积、洪积层坡面(风化砂砾、碎石土、砾石土)。

寒冷的气候条件、山区丰富的降水,使破碎的岩层储藏了充沛的地下水,入渗形成层间水、裂隙水。

该线为沿溪线,东西走向,从鹤岗市南侧沿小鹤立河而上,在 K38 + 200 翻越大岭,过岭后沿查巴旗河和大丰河在 K87 + 000 跨越山哑口,三次横跨汤旺河直到伊春市。由于路线沿溪河谷狭窄、地势起伏大、两岸山高坡陡、平面线型受限,为降低越岭高程,使局部路段产生深挖路堑,造成了地下水的露头,冬季产生涎流冰。

6.2.2　地下水、涎流冰的形成及其危害

该段路线 1998 年 5 月开工,10 月末挖方路段相继完成。在开挖过程中,坡面上局部地区有地下水涌出,在大岭处裂隙水露出,在路基范围内出口较多,且水量大,淹没部分路床。为了排除积水,在路堑施工中,对于天然地面横坡较陡段,首先在其上方单侧开挖截水沟 1～2 道,以拦截地表水。开挖路堑,做好路拱,两侧挖纵、横排水沟维持施工。在加深排水沟的同时,使坡面上的地下水、路床上裂隙水渗入排水沟排出。

为了掌握涎流冰的形成、类型、特点及其规模,公路建设指挥部组织施工单位进行跟踪观测,截止 1999 年 3 月末全线共发现 36 处涎流冰,按其成因可分为二类:即河谷涎流冰 1 处,山坡涎流冰 35 处。

1. 河谷涎流冰

河谷涎流冰是沿沟谷漫流的溪水、沟谷山坡地下水的露头流出地面后,随流随冻而成的。当沟渠排水不畅或受桥涵所阻,冰面隆起形成冰壅。其特点是涎流冰发生的地点常年固定不变,形成的时间在 12 月左右,5～6 月消融。当遇到丰水年,或沟谷汇水面积大时,涎流冰蔓延的范围大,水层厚。

2. 山坡涎流冰

山坡涎流冰是指山坡地下水的露头。路基挖方,切割了地下含水层,造成地下水的露头,形成涎流冰。

其特点是:涎流冰多见于山坡的中、下部,阴坡比阳坡多,在坡脚冲积、洪积地下水丰富的地层中涎流冰最多。

由于受地形及地质因素的影响,地下水的分布不均匀,且水流方向不一。

全线共发现 35 处山坡涎流冰。按其含水层的深浅及地下水露头的位置,涎流冰分别由表层滞水、深层滞水和承压水形成。

(1)表层滞水。表层滞水带为多年枯枝败叶经过长期腐蚀而形成的腐殖土与透水性良好的风化岩,其下为不透水的岩层。降水入渗后沿着岩面流动,由于挖方路基引起地下水的露头沿坡面流出,冬季形成涎流冰。属表层滞水,全线共 4 处,其特点是滞水层厚度较薄,地下水从挖方边坡上、中部流出,其水量直接受月降雨量的影响,局部形成小水流,冬季形成涎流冰。

(2)深层滞水。当路线穿过含水率较大的第四纪松散坡积、洪积或风化岩层时,由于滞水层厚,地下水在挖方路基坡面上流出。全线共 29 处。其特点是层间水供应充分,地下水从挖方坡面中、下部流出,其水量直接受年降雨量影响,多处形成水的径流,冬季形成冰湖,并覆盖部分路基。

(3)承压水。在深挖路堑、大岭段坡脚处,沿线土质上层为风化砂、砾,其下为节理发育砂岩。开挖后,边坡层间水大量涌出,且路堑的底部承压水涌出地面,其出水点高达 26 处之多。属承压水,全线共 2 处。其特点是承压水喷出点位置常年固定不变,水温高,涌出时间长,故淹没范围大。由于地下水供应充足,故冬季形成大面积冰湖。

从 1998 年 11 月起,经过 5 个月的观测,共积冰 3.0×10 m³,涎流冰淹没路基,并部分淹没旧路,致使旧路几乎阻断交通。冰面上的突出部分为承压水出水点形成的冰丘。

6.2.3　防治工程措施

根据 1998 年秋至 1999 年春冬季对涎流冰的观测及对现场地形测绘,结合涎流冰形成的类型、特点、规

模。在沿线防治上采取了排、挡、积、截四种工程措施。

1. 地面排水

（1）加大盖板涵孔径。K29 +671 原设计为 1 孔 3.4 ×2.5 m 盖板涵，由于上游沟谷山坡地下水出露形成了河谷涊流冰，故采用加大涵的孔径，将 1 孔 3.4 ×2.5 m 改为 2 孔 3.4 ×2.5 m 盖板涵。清理了河道，保证水流及涊流冰通畅。

（2）聚冰坑、挡冰墙。挖方边坡露出的地下水在 K49 +900 ~ K106 +500 段共 4 处，属表层滞水，因涌水量不大，在路基上方采用超挖边坡，设置聚冰坑。若涌水量稍大，则采用聚冰坑与挡冰墙配合使用，以引导坡面层间水经挡墙流入边沟，纵向排出。冬季以防涊流冰上路，见图6.2。

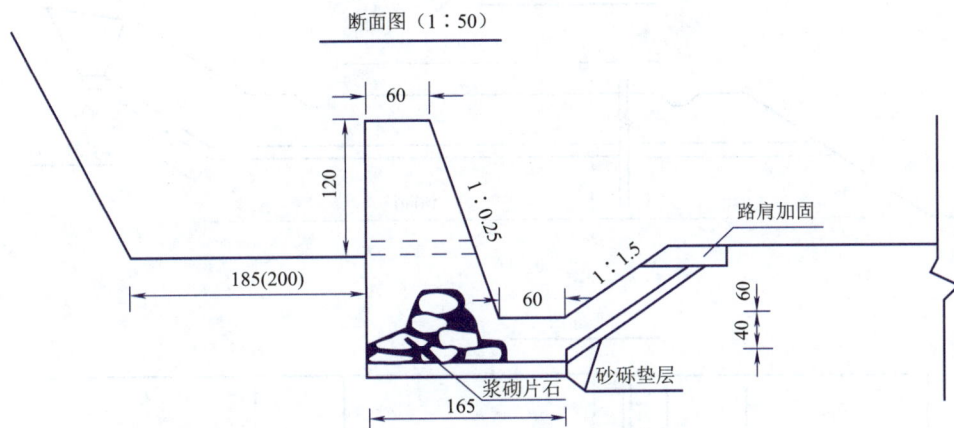

图 6.2　构造图

地面排水设施，按公路桥涵施工技术规范有关章节进行施工。

2. 地下排水

对于地表滞水层厚、水量大的冲积扇或坡积的挖方，层间水属深层滞水发育所产生的涊流冰。按当地土质估算（碎石土、砾、卵石土）渗透系数，计算渗透流量，并与排水沟实测流量对比，进行纵、横渗池盲沟地下排水设施的设计。

全线采用渗池、盲沟排水设施共 29 处。首次采用了软式透水管做渗池盲沟设施。见图6.3。

渗池采用 φ100 mm 透水管积水，盲沟采用 φ50 mm 透水管排水。

K38 +279 ~ K38 +750、K87 +150 二处涊流冰，系挖方路堑，层间水、裂隙水属承压水发育所产生的涊流冰。除按上述措施外，结合传统地下排水设施，采用盲沟、渗池与透水管相结合的结构，使地下排水设施更趋完善。见图6.4。

地下排水由渗池、盲沟组成。纵向渗池、横向盲沟均采用挖掘机挖沟，对水量较小的基础一次挖完；当遇到石方处，采用爆破作业，严格控制其平整度，使流水顺畅；对于大岭段冰湖，由于两侧设渗池，段落又较长，所以采用从下游分段开挖的方法进行施工，做好一段后，再开挖下一段，在开挖下一段前在两段接头处做好反滤层，防止挖基础过程中的淤泥将已做完的一段渗池淤死。

渗池与盲沟的砌筑手摆片石应用大小均匀的石块，按铺砌层进行铺砌。大石块摆在下层，小石块摆在上层，并尽量将石块排成蜂窝状的空隙，以利渗水。不得混杂密排，石料尺寸不得小于 30 cm，浆砌片石采用 M5#砂浆砌筑，片石强度不低于 30 MPa。

盲沟顶面、侧面及渗池顶面与填土接触处用土工布隔离，以避免周围土漏入空隙阻水。

渗池、盲沟底面应向中间修成 10% 的横坡，以利排水。

对在路基范围内的盲沟上方的填土，应按路基压实标准进行压实。路堑边坡以外的填土高不小于1.0 m。对盲沟出水口要进行保温，以防冻结。

透水管采用沈阳广水科技贸易有限公司生产的第三代软式透水管。

鹤伊公路全长 141.145 km，处理涊流冰共 36 处。其中 31 处采用新型处理方案，即软式透水管处理方案,软式透水管采用毛细原理渗水,具有良好的全方位积水、透水、排水性能,与传统设施相比较,具有施工简单、周期短、适合各种地形、可直接铺设、自由连接等优点。在造价上,与盲沟、渗池相比节省建设投资 350 万元。

渗池、盲沟均设置在透水性的土壤中,通过纵向渗池的施工,降低了地下水位,使地下水从 1.5 m 以下部位排出。

横向盲沟拦截和规范了水流,使层间水与裂隙水沿着横向盲沟流入纵向渗池,经盲沟排出路基范围以外。

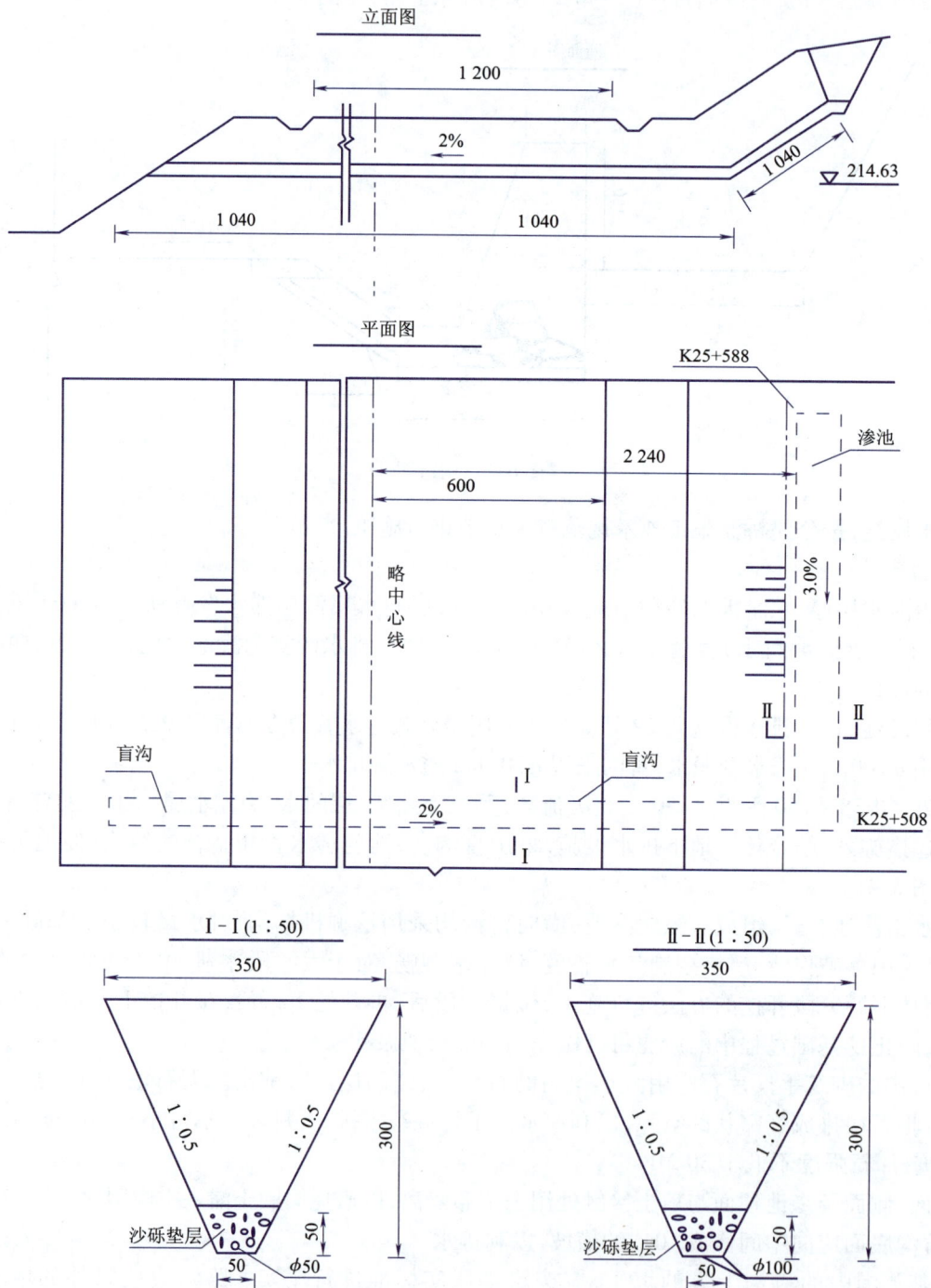

图 6.3 软式透水管渗池盲沟

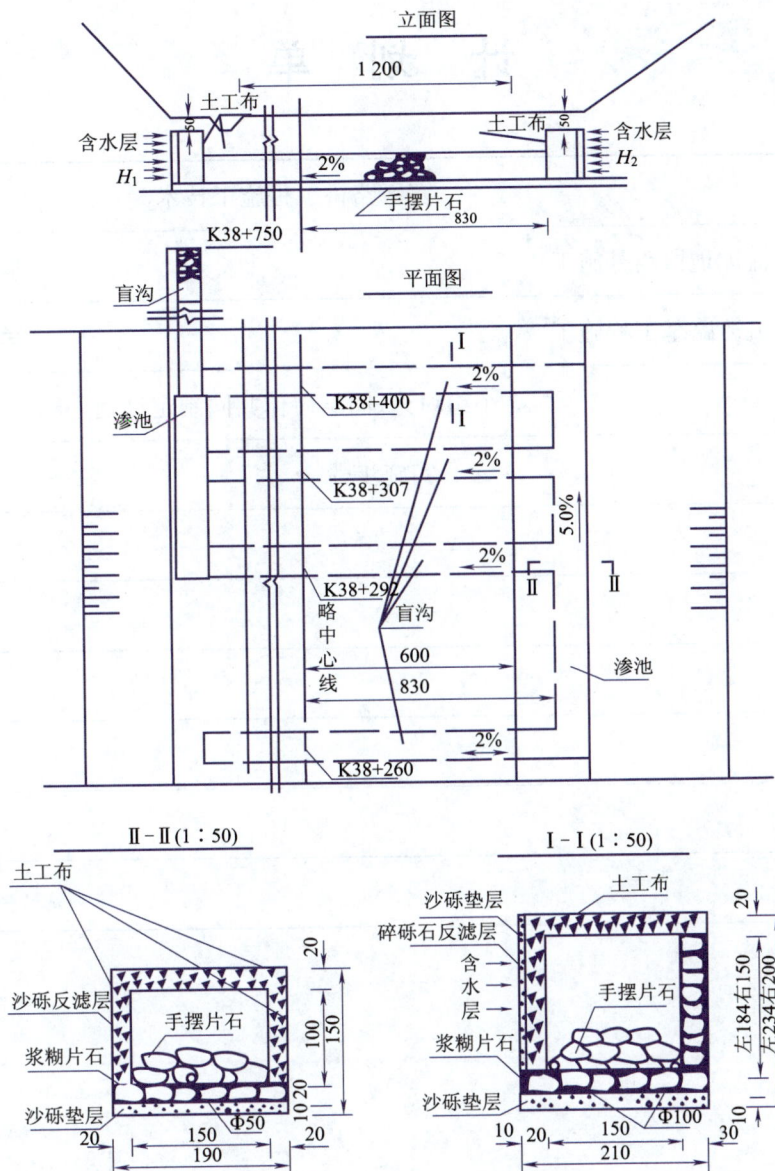

图 6.4 盲沟、渗池、透水管结合设施

6.2.4 整治效果

鹤伊公路涎流冰经 1999 年整治后,于 2000 年春进行了现场观测,经调查:各处涎流冰均得到有效控制；全线路面平整,无冻胀现象；地下排水设施纵、横向盲沟排水系统畅通；K29 +671 涵经河道清理后水流畅通,无冰塞现象；聚冰坑及挡冰墙工作良好,无涎流冰上路。

计 划 单

学习领域	寒区路桥工程施工技术		
学习情境	涎流冰地段路基施工	学时	6
工作任务	涎流冰路基工程施工	学时	4
计划方式	小组讨论、团结协作共同制定计划		
序 号	实施步骤		使用资源
1			
2			
3			
4			
5			
6			
制定计划说明			

计划评价	班 级		第 组	组长签字	
	教师签字			日 期	
	评语：				

决　策　单

学习领域	寒区路桥工程施工技术		
学习情境	涎流冰地段路基施工	学时	6
工作任务	涎流冰路基工程施工	学时	4

方案讨论					
方案对比	组号	方案合理性	实施可操作性	安全性	综合评价
	1				
	2				
	3				
	4				
	5				
	6				
	7				
	8				
	9				
	10				
方案评价	评语：				

班　级		组长签字		教师签字		月　日

实 施 单

学习领域	寒区路桥工程施工技术		
学习情境	涎流冰地段路基施工	学时	6
工作任务	涎流冰路基工程施工	学时	4
实施方式	小组成员合作;动手实践		
序　号	实施步骤	使用资源	
1			
2			
3			
4			
5			
6			
7			
8			
9			
10			

实施说明:

班　级		第　组	组长签字	
教师签字			日　期	
评语				

检　查　单

学习领域	寒区路桥工程施工技术			
学习情境	A流冰地段路基施工	学时	6	
工作任务	A流冰路基工程施工	学时	4	
序　号	检查项目	检查标准	学生自查	教师检查
1	咨询问题	回答得认真、准确		
2				
3				
4				
5				
6				
7				
8				
9				

	班　级		第　组	组长签字	
	教师签字		日　期		

检查评价	评语：

评 价 单

学习领域		寒区路桥工程施工技术				
学习情境		涎流冰地段路基施工		学时		6
工作任务		涎流冰路基工程施工		学时		4
评价类别	项 目	子 项 目	个人评价	组内互评		教师评价
专业能力	资讯 （10%）	搜集信息及引导问题回答				
	计划 （5%）	计划可执行性和安排合理性				
	实施 （20%）	实施的完整性、合理性及可执行性				
	检查 （10%）	全面准确性和特殊情况处理				
	过程 （5%）	安全合理、符合操作规范				
	结果 （10%）	准确性、快速性				
社会能力	团结协作 （10%）	合作情况及对小组贡献度				
	敬业精神 （10%）	吃苦耐劳及遵守纪律				
方法能力	计划能力 （10%）	计划条理性				
	决策能力 （10%）	方案正确性				

班　级		姓　名		学号	总评	
教师签字		第　组	组长签字		日期	

评价评语	评语：

教学反馈单

学习领域	寒区路桥工程施工技术		
学习情境	涎流冰地段路基施工	学时	6
工作任务	涎流冰路基工程施工	学时	4
序　号	调查内容	是	否	理由陈述
1	了解公路冰害现象吗?			
2	了解公路冰害的危害有哪些吗?			
3	了解涎流冰路基工程施工规定有哪些吗?			
4	了解涎流冰路基工程施工实践过程吗?			
5	你对任课教师在本任务的教学满意吗?			
6	你对自己的表现是否满意?			
7	你对小组成员之间的合作是否满意?			
8	你认为本项目还应学习哪些方面的内容?(请在下面回答)			
9				
10				
11				
12				

你的意见对改进教学非常重要,请写出你的建议和意见。

被调查人签名		调查时间	

学习情境 四

寒区路面工程施工

学习指南

学习目标

学生在教师的讲解和引导下,明确工作任务的目的和实施中的关键要素,通过了解路面工程材料组成和配合比,了解生产、运输环节特殊要求,掌握施工工艺要求,能够借助工具软件、设计文件及相关资料找到完成任务所需的工具、材料、方法,能够完成"沥青混凝土路面施工"和"水泥混凝土路面施工"两项工作的内容报告。要求在学习过程中培养和锻炼职业素质,掌握在特殊环境下从事路桥工程施工的基本技能。

工作任务

1. 寒区沥青混凝土路面施工
2. 寒区水泥混凝土路面施工

学习情境的描述

根据寒区路面工程的特点,选取"沥青路面施工"、"水泥路面施工"等两个工作任务作为载体,使学生通过真实的工程训练掌握工程技术人员在寒区从事路桥工程建设有关的技能。学习的内容与组织如下:了解沥青混凝土材料组成及配合比、水泥混凝土材料组成及配合比,了解路面施工工艺流程、掌握路面工程施工特点,通过对寒区路面施工工程实践训练,掌握路面工程有关控制指标;根据工程图纸,能够借助设计文件及资料找到完成任务所需的工具、材料、方法,能够完成"寒区路面工程施工"工作任务的技术方案报告,使学生掌握寒区路桥工程施工技术。

任务7　寒区沥青混凝土路面施工

任 务 单

学习领域	寒区路桥工程施工技术		
学习情境	寒区路面工程施工	学时	10
工作任务	寒区沥青混凝土路面施工	学时	6
布置任务			
学习目标	1. 了解沥青混凝土混合料的组成和配合比 2. 了解沥青混凝土生产、运输环节特殊要求 3. 了解沥青混凝土路面施工规定 4. 掌握沥青混凝土路面控制指标		
任务描述	1. 沥青混凝土路面施工准备工作 2. 制定沥青混凝土摊铺施工工艺流程 3. 制定沥青混凝土路面施工控制指标 4. 掌握沥青混凝土路面工程质量检测与评定		

学时安排	资讯	计划	决策	实施	检查	评价
	2学时	0.5学时	0.5学时	2学时	0.5学时	0.5学时

提供资料	[1] JTJ034—2000　公路路面基层施工技术规范. [2] JTG F40—2004　公路沥青路面施工技术规范. [3] JTG B01—2003　公路工程技术标准. [4] JTG/T D31—04—2012　多年冻土地区公路设计与施工技术细则. [5] 王海春. 特殊地区公路. 北京:人民交通出版社,2006. [6] 徐玫. 山区公路路基施工技术. 哈尔滨:哈尔滨工业大学出版社,2000.

对学生的要求	1. 掌握沥青混合料的组成及配合比 2. 掌握沥青混凝土施工温度控制指标 3. 掌握沥青混凝土摊铺和压实工艺流程 4. 必须会读识路桥工程图 5. 按学习目标完成相关任务内容 6. 必须具有团队合作的精神,以小组的形式完成工作任务 7. 严格遵守课堂纪律和工作纪律,不迟到,不早退,不旷课 8. 应树立职业意识,按照企业的岗位职责要求自己 9. 本项目工作任务完成后,需提交学习体会报告,要求另附

资 讯 单

学习领域	寒区路桥工程施工技术		
学习情境	寒区路面工程施工	学时	10
工作任务	寒区沥青混凝土路面施工	学时	6
资讯方式	在图书馆、专业期刊、施工规范、互联网及信息单上查询问题;咨询任课教师		
资讯问题	1. 沥青混凝土路面施工准备工作有哪些?		
	2. 沥青混凝土路面摊铺时控制哪些指标?		
	3. 沥青混凝土路面碾压的工艺流程是什么?		
	4. 沥青混凝土路面施工质量控制重点是什么?		
	5. 沥青路面常见质量问题有哪些?		
	6. 沥青路面压实度如何控制?		
	7. 沥青混凝土路面质量检验指标有哪些?		
资讯引导	1. 问题的解答需要在下面的信息单中查找。 2. 参考《公路沥青路面施工技术规范(JTG F40—2004)》、《公路水泥混凝土路面施工技术规范(JTG F30—2003)》、《公路水泥混凝土路面滑模施工技术规程(JTJ037.1—2000)》、《多年冻土地区公路设计与施工技术细则(JTG/T D31—04—2012)》等规范。 3. 王海春. 特殊地区公路. 北京:人民交通出版社,2006. 4. 徐玫. 山区公路路基施工技术. 哈尔滨:哈尔滨工业大学出版社,2000. 5. 曹永先. 道路工程施工. 北京:化学工业出版社,2010.		

信　息　单

7.1　沥青路面基础知识

7.1.1　沥青路面的分类

在矿质材料中,采用各种方式掺入沥青材料(石油沥青、煤沥青、液体石油沥青、面岩沥青或渣油等)组成混合料,修筑而成的各种类型路面,统称为沥青路面。它适用于各种交通量的道路,由于用沥青为黏结料修成的路面呈黑色,故又称为黑色路面,目前在立交桥铺装及高速公路大量使用。

沥青路面由于使用了黏结力较强的沥青材料,使矿料之间黏聚力显著加强,从而提高混合料的强度和稳定性,使路面的使用质量大为提高,延长了路面的使用年限。沥青路面具有表面平整、不渗水、噪声小、少扬尘、行车费用低及养护方便等优点。其缺点是易受履带车辆和尖硬物体损坏,表面常被磨光而影响行车安全。沥青路面受外界气温的影响较明显,夏季易软而冬季易脆,它的施工受季节气候的影响较大,在低温季节和雨季,除乳化沥青外,一般不能施工。

沥青路面按照矿料组成的不同,可分为密实式和嵌挤式两大类。

按密实原则修筑的沥青路面要求矿料粒径级配按最大密实度原则设计。混合料的强度主要由黏结力和内摩阻力构成,且黏结力起较大作用。属于密实式沥青路面的有沥青混凝土、沥青加固土等。按嵌挤原则修筑的沥青路面要求采用尺寸大致均一的矿料,它的强度和稳定性主要依靠矿料间的相互嵌挤所产生的摩阻力,而黏结力则起次要作用。属于这类路面的有贯入式沥青路面、沥青碎石和沥青表面处置等。按嵌挤原则构成的沥青路面,其热稳性较密实式的为好,但空隙较多,易于渗水和老化,故耐久性较差。

7.1.2　沥青路面类型的选择

对于沥青路面类型的选择,应该根据路用的技术要求,并结合当地的具体条件,选定适当的类型,使得在经济上是合理的,在技术上又是可行的,其中最基本的考虑因素是道路等级与行车密度。因为路面类型是直接为一定等级与行车密度的道路服务的,因此这两者是选择路面类型的最基本因素。

高级路面要求选择沥青混凝土或沥青碎石,沥青混凝土的使用年限较长(15年以上),要求最优质材料与矿粉。沥青碎石的使用年限为12年以上,也要求优质材料与矿料。对于次高级路面,其昼夜交通量在5 000辆以下,有较大的选择范围,交通量大的要选择沥青贯入式,交通量中等的可选择路拌沥青碎(砾)石混合料,而交通量轻的则可选用表面处置。

从施工季节的角度来考虑沥青路面类型的选择。当天气较冷时,以热拌冷铺或冷拌冷铺式的较为适宜。对于工期紧的,采用厂拌法最好。在纵坡大于3%~5%的路段,其表面宜采用粗粒式的沥青碎石或粗面式的沥青表面处置。

在选择沥青路面类型时,也要考虑设备的条件。例如,当有洒油设备时,在交通量小的情况下,宜选用层铺法表面处置,交通量大则宜采用贯入式。在城市道路有专用的沥青拌和设备时,除重型交通采用沥青混凝土、沥青碎石外,中型交通往往也采用拌和法沥青碎(砾)石混合料。

7.1.3　沥青路面对基层的要求

1. 具有足够的强度

基层应能承受车轮荷载作用,在行车荷载反复作用下,不应超过允许的残余变形,也不允许产生剪切和弯拉破坏。为此,基层应具有必要的强度,强度包括矿料颗粒本身的强度和结构的整体强度。

2. 具有良好的水稳性

沥青面层,特别是表面处置和贯入式,在使用初期,透水性较大,雨季时表面水有可能透过沥青面层进入基层和底基层中,导致基层材料含水率增加而强度降低。因此,必须用水稳性好的材料作基层,在潮湿多雨地区尤须重视。

3. 表面平整,拱度与面层一致

为了保证沥青面层的厚度均匀一致以及面层表面的平整度和拱度,基层应平整,其拱度应与面层一致。

4. 与面层结合良好

基层与面层结合良好,可减少面层底部的拉应力和拉应变,以防止面层发生滑动、推移等破坏。

7.1.4 沥青混合料配合比

沥青混合料配合比设计应符合国家现行标准《公路沥青路面施工技术规范》(JTG F40—2004)的要求,并应遵守以下规定。

(1)各地区应根据气候条件、道路等级、路面结构等情况,通过试验,确定适宜的沥青混合料技术指标;

(2)开工前,应对当地同类道路的沥青混合料配合比及其使用情况进行调研,借鉴成功经验;

(3)各地区应结合当地自然条件,充分利用当地资源,选择合格的材料。

7.1.5 SMA 的组成特点和基本特征

SMA 是一种新型沥青混合料,在欧洲称为 split mastic asphalt,美国则称之为 stone mastic asphalt,我国《公路沥青路面设计规范》将其正式命名为"沥青玛蹄脂碎石混合料",其意义为用沥青玛蹄脂填充碎石骨架而形成的混合料。

SMA 路面通过采用木质素纤维或矿物纤维稳定剂、增加矿粉用量、沥青改性等技术手段,组成沥青玛蹄脂,沥青玛蹄脂可以使沥青的感温性变小,沥青用量增加,用其填充间断级配碎石集料中的空隙,从而使混合料既能保持间断级配沥青混合料表面性能好的优点,又能克服其耐久性差的缺点,尤其是能使混合料的高温抗车辙能力、低温抗裂性能、耐疲劳性能和水稳定性等各种路用性能大幅度提高。

沥青玛蹄脂碎石混合料的构成如图 7.1 所示。

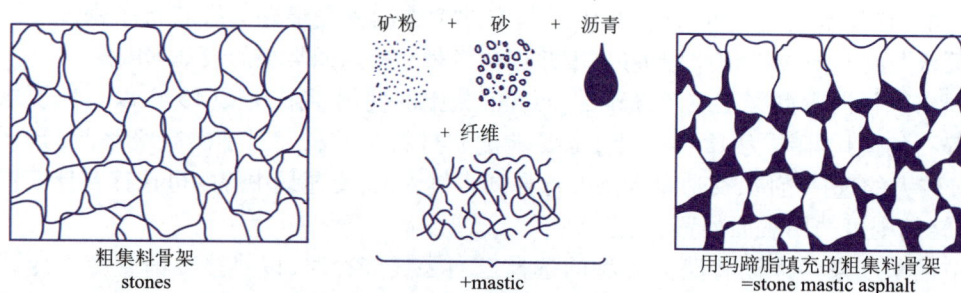

图 7.1 沥青玛蹄脂碎石混合料的构成

密级配沥青混凝土、SMA 与排水沥青混凝土组成结构比较如图 7.2 所示。

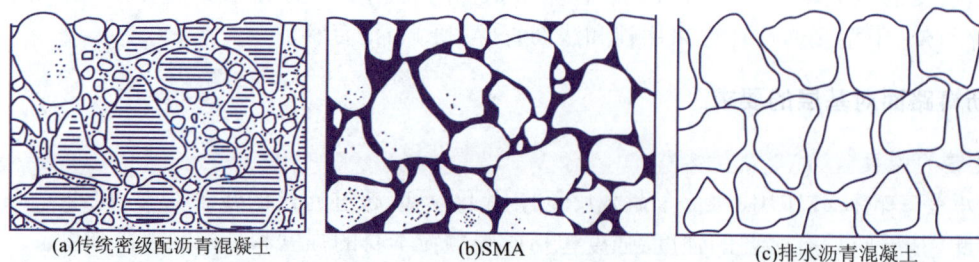

图 7.2 密级配沥青混凝土、SMA 与排水沥青混凝土组成结构比较

1. SMA 的组成特点

SMA 是由沥青稳定添加剂、矿粉及少量细集料组成的沥青玛碲脂填充间断级配的碎石骨架组成的骨架嵌挤型密实结构混合料,它的最基本组成是碎石骨架和沥青玛蹄脂两部分(图 7.1),其结构组成有如下特点。

(1)SMA 是一种间断级配的沥青混合料,图 7.2 表示出了密级配沥青混凝土、SMA 及排水沥青混凝土的剖面图,从中可以看出它们结构组成的不同之处;

(2)SMA 增加了矿粉用量,使其能在混合料中加入较多的沥青,同时还使用了稳定添加剂;

(3)SMA 的沥青用量比普通沥青混合料要高,并要求其具有较高的黏结力,通常选用针入度小、软化点高、温度稳定性好的沥青,如能采用改性沥青,可进一步改善高低温变形性能及与矿料的黏附性。

2. SMA 的基本特征

SMA 的特征主要表现在两个方面:第一,大粒径集料互相嵌锁而形成高稳定性(抗变形能力)的结构骨料;第二,由细集料、沥青结合料及稳定添加剂组成的,具有足够数量的沥青玛蹄脂,除满足将骨架胶结在一起的要求外,还使混合料具有较好的柔性和耐久性。

SMA 采用间断级配集料形成碎石骨架,其中有低百分率的细集料和较高比例的矿粉填料。由于大粒径集料的含量高,矿料间具有较高的空隙率,使其能容纳较多的沥青,从而减少氧化、老化变硬和低温裂缝产生的可能性。而细集料则起着填充空隙的作用,纤维添加剂增加了矿料的比表面积,从而增加了沥青的稠度和沥青玛蹄脂的稳定性,并可避免沥青混合料在运输和摊铺过程中产生离析现象,还可改善混合料的稳定性。SMA 的主要特性如下。

(1)较高的稳定性。采用相同的粗集料分别制成密级配沥青混凝土和 SMA 混合料,经轮辙试验机在不同温度下分别进行 800 次加载试验后,所得试验结果表明 SMA 具有比密级配沥青混凝土更高的抗车辙能力。

(2)较高的疲劳寿命。影响沥青路面疲劳寿命的主要因素有沥青品种和含量、空隙率、温度、试验频率及荷载作用方式等。混合料的空隙率和沥青用量与疲劳寿命的关系极大,而空隙率小、沥青含量高正是 SMA 混合料的显著特点。SMA 中碎石所包裹的沥青膜较厚,有效地减小了混合料的空隙率。此外,高沥青含量的 SMA 混合料产生的疲劳破坏,在夏季行车作用下具有自动愈合的能力。在以上两方面因素的综合作用下,使得 SMA 混合料的抗疲劳能力大大高于密级配沥青混凝土。

(3)较好的耐久性。SMA 耐久性非常好,不易松散,抵抗温度裂缝和荷载裂缝的性能好,其优异的耐久性来源于沥青玛蹄脂的不透永性,由于其渗透性小,空气及水的渗入量小,从而减缓了沥青的氧化过程,提高了耐久性。

(4)较好的抗磨耗及抗滑能力。SMA 含有高比例、高品质的粗集料,使其具有较大的表面构造深度和抗磨耗能力。

(5)良好的平整度和能见度。SMA 的高温稳定性使路面稳定,具有良好的平整度和行车舒适性。SMA 还能减少灯光的反射,减小雨中行车的水雾,从而提高了路面能见度和行车安全。

(6)较好的经济效益。SMA 混合料采用高品质的矿质集料,较高含量的优质沥青,并加入添加剂,增加拌和时间,使得 SMA 的单位价格比传统密级配沥青混凝土高,但由于其较高的稳定性及较高的疲劳寿命,使 SMA 的使用寿命比传统密级配沥青混凝土高出 30% ~40% 。若考虑到有效使用年限、维修费用及使用者费用,折算成年平均成本时,SMA 比传统密级配沥青混凝土更经济,特别是在高温重载、大交通量的条件下,SMA 具有较高的经济效益。

从以上分析可知,SMA 对沥青路面的各种性能都有所改善。尤其以抗车辙性能及耐久性的改善效果最为显著。欧洲沥青路面协会(EAPA)1998 年曾对 SMA 路面的应用情况做过总结和归纳,EAPA 归纳 SMA 的优点,首先是具有良好的表面功能,抗滑、车辙小、平整度高、噪声小、能见度好;其次是增加了路面抗变形能力,不透水,使用寿命长,维修养护工作量小;还有,它可以减薄表面层厚度,易于施工和重建,维修重建对交通的影响小。

7.2 沥青路面低温施工

沥青类路面施工有很强的季节性,其路面质量以及路面结构强度的形成受施工季节的气温和自然条件的影响很大。经过实践证明,在低温或不利季节施工的路面工程,其路面质量和使用寿命都不同程度地受到影响,因而,施工季节通常选择在干燥和较热的季节。当在低温季节和雨季施工时,必须采取相应的施工措施,以尽可能易于施工和保证施工质量。

1. 热拌沥青混合料路面的低温施工措施

施工温度在 5 ℃以下或冬季气温虽在 5 ℃以上,但有 4 级以上大风时应按冬期施工处理。城市快速路、主干路和高速公路、一级公路施工气温低于 10 ℃,其他等级道路施工气温低于 5 ℃时,不宜摊铺热拌沥青混合料。必须施工时,应采取以下施工措施。

(1)提高混合料的出厂、摊铺和碾压温度,使其符合低温施工要求。

(2)运输沥青混合料的车辆必须有严密覆盖设备保温。

(3)采用高密度的摊铺机、熨平板,接触热混合料的机械工具要经常加热,在现场应准备好挡风、加热、保温工具和设备等。

(4)卸料后应用苫布等及时覆盖保温。

(5)摊铺宜在上午 9 时至下午 4 时进行,做到三快两及时(快卸料、快摊铺、快搂平,及时找细、及时碾压)。一般摊铺速度掌握在每分钟 1 t 料。

(6)接茬处要采取直茬热接。在混合料摊铺前必须保持底层清洁干净且干燥无冰雪。并用喷灯将接缝处加热至 60 ℃~75 ℃,摊铺沥青混合料后,应用热夯夯实、热烙铁烫平,并应用压路机沿缝加强碾压。

(7)碾压次序为先重后轻、重碾先压。即先用重碾快速碾压,而且重轮(主动轮)必须在前,再用两轮轻碾消除轮迹。

(8)施工与供料单位要密切配合,做到定量定时,严密组织生产,及时集中供料,以减少接缝过多。

(9)乳化沥青碎石混合料施工的所有工序,包括路面成型及铺筑上封层等,均必须在冻前完成。

2. 贯入式和表面处置路面的低温施工措施

贯入式和表面处置路面施工都是就地洒油,油的热量极易散发而很快降温,因而要求在干燥和较热的季节施工,并宜在日最高温度低于 15 ℃到来以前半个月结束。当气温低于 5 ℃时不得施工。当春季气温低于 10 ℃、秋季气温低于 15 ℃时,应采用低温施工措施。

(1)碾压碎石要尽量少洒水,必要时水中可掺入 6%~9% 氯盐以防止寒冻,洒水时宜在半日内完成;

(2)选用较稀软的沥青,贯入层宜选用针入度为 170~200 的石油沥青,或用软化点为 30 ℃~33 ℃的煤沥青;

(3)喷油宜在上午 10 时至下午 3 时,且地表温度不低于 5 ℃时进行,应随喷油随撒嵌缝料,每次洒布长度不宜过长,喷油要均匀,一次喷足,不要找补;

(4)要做好充分准备,以便喷油、撒料、扫嵌和碾压四个工序紧密衔接,中途不能间断;

(5)对透层、黏层与封层的施工气温不得低于 10 ℃。

7.3 工程实践案例——公路改性沥青路面实践技术

7.3.1 工程背景资料

沥青路面是用沥青材料作结合料黏结矿料或混合料修筑面层与各类基层和垫层组成的路面结构。它具有表面平整、无接缝、行车舒适、耐磨、振动小、噪声低、施工期短、养护维修简便、适宜分期修建等优点,在黑龙江省得到越来越广泛的应用。但沥青路面在使用过程中,出现一些不同程度的早期损坏现象:表现为冬季隆起、干裂,春季融沉、路面强度降低,在行车荷载作用下,路面变形、龟裂、松散甚至翻浆等,特别是在那些气候严寒、水文、地质条件不良地段,其损坏现象更为严重,断绝交通现象时有发生。根据黑龙江省的特点,对影响路面主要性质的沥青材料进行研究,通过改性来提高沥青路面耐久性及其使用性能,尤其是抗低温开裂性能,同时养护费用相对要低得多,从而提高其经济效益和社会效益。

7.3.2 改性沥青路面材料

1. 改性剂

哈绥高速公路建设指挥部选定改性剂 SBS(YH801)。

2. 材料

粗集料:玉泉料场的玄武岩,其轧制的四种规格为 10~20 mm,5~10 mm,2.36~5 mm,0~2.36 mm;

细集料:通河产中砂;

矿粉:阿城小岭磨制的石灰石粉;

沥青:辽宁盘锦北方沥青有限公司生产重交通道路石油沥青(AH110)。

3. 配合比组成设计

(1)粗集料。粗集料应洁净、干燥、无风化、不含杂质,具有一定的硬度和强度(见表7.1)。

表7.1 沥青面层粗集料质量技术要求及试验结果

项目	压碎值(%)	针片状含量(%)	视密度(g·m^{-3})	吸水率(%)	粘附性	坚固性(%)	磨光值	冲击值(%)
指标	≤28	≤15	≥2.50	≤2	≥4级	≤12	≥42BPN	≤28
试验	7.8	3.2	2.71	0.28	4	6.6	44	13.2

(2)中砂。中砂的细度模数 M_x = 2.88,在容许 3.0~2.3 范围内,含泥量为 1.36% < 3%。

(3)矿粉。矿粉的亲水系数 0.969 < 1,含水率为 0.22%。

(4)沥青(表7.2)。为了做好改性沥青混凝土的施工,做了改性沥青混凝土的目标配合比组成设计工作,确定各种材料的比例:

碎石 10~20 mm:5~10 mm:2.36~5 mm:0~2.36 mm:中砂:矿粉:油石比为:

40:16:13:13:12:6:5.2,

经过验证后确定生产配合比为:

4号(16~37.5 mm):3号(9~16 mm):2号(4~9 mm):1号(0~4 mm):矿粉:沥青为:

3.5:26.8:28.5:30.8:5.7:4.7,

各项指标均满足要求。

表7.2 沥青与改性沥青试验结果

项目	5 ℃延度(cm)	软化点(℃)	针入度[℃(5 s 100 g)0.1 mm]			针入度指数 PI	相关系数 R(%)	弹性恢复(%)	显微镜观察
			15	25	30				
基质沥表	17.3	43.5	—	113.7	—			6	—
改性沥青	48.7	59.7	37.6	71.5	109.0	1.909	99.76	85	分散均匀

表7.3 AC-16 I 调整型级配

筛孔(mm)	19	16	13.2	9.5	4.75	2.36	1.18	0.6	0.3	0.15	0.075
通过量(%)	10	98.4	85.2	65.8	47.1	30.5	24.0	19.4	12.5	8.0	5.6
范围(%)	100	95~100	78~90	65~76	42~56	30~38	20~28	12~20	8~16	6~12	4~8

7.3.3 改性沥青混凝土路面施工

1. 改性沥青的制作

基质沥青在加热到170 ℃左右后通过沥青泵、定值流量计、电磁阀进入1、2、3号搅拌罐。改性剂 SBS 通过破碎机,电子称称量后,由双路阀控制进入1号、2号、3号搅拌罐搅拌,融胀半小时后,经过1号磨机磨制后,磨入 4 号、5 号搅拌罐搅拌,继续融胀,经过 2 号磨机磨制后磨入 6 号搅拌罐,继续融胀发育,再经过 3 号磨机,磨入成品储料仓即成品罐,通过沥青泵进入拌和锅中,在改性沥青储存的过程中,通过循环泵让改性沥青不停地循环以防止改性沥青的离析。产量 10 ~ 12 t/h,能满足施工生产要求,在施工的各个环节中,通过提高改性沥青的加热温度,使之略高于规范所规定的温度,来提高寒区改性沥青混凝土路面的性能。

2. 改性沥青混合料的拌和

集料烘干温度在 195 ℃ 左右,混合料拌和温度 175 ℃,拌和时间 45 s 左右,成品混合料温度超过 195 ℃ 的必须废弃。贮料时间不宜超过 24 h,贮料温度不宜低于 165 ℃。

3. 改性沥青混合料运输

改性沥青混合料运输采用 15 t 自卸汽车运输,且车型统一,数量充足。为防止卸车困难,在车箱底部涂刷适量的油水(1∶3)混合物。在放料装车过程中,每车分多次装车,每装一次移动汽车位置,以防混合料的离析。在运输中必须加盖篷布,防止混合料表面温度降低。

4. 改性沥青混合料摊铺

为了保证上面层的摊铺厚度、高程、平整度,沥青中面层及下面层应采用钢丝绳及导梁的控制方式,而且必须认真操作,确保中、下面层的施工质量。在上面层施工过程中采用"雪橇式"的厚度控制方式,且在施工过程中全幅一次性摊铺,进而提高路面上面层的平整度。摊铺系数控制在 1.14 ~ 1.16,摊铺温度控制在 165 ℃ ~175 ℃,摊铺速度控制在 1.5 ~2.5 m/min。

为了保证路面平整度,依据规范要求缓慢、均匀、连续不间断地摊铺,摊铺过程中不得随意变换速度或中途停顿。在摊铺过程中应严格依据出料速度控制摊铺速度(最大不超过 2.5 m/min)。摊铺速度过快容易造成停机,直接影响摊铺厚度、平整度。严格要求摊铺机能力与拌和机出料速度相匹配,运料车也应富余。在摊铺机前应保证有 2 台以上运料车等候。必须做到运料车等候摊铺机,而不能摊铺机等候运料车。

5. 改性沥青混凝土路面的夯实

(1)改性沥青混凝土路面压实工艺,应选择合理的压实机具,一般应配备 3 台振动压路机(2 台英格索兰、1 台 YZC12)。

(2)改性沥青混合料温度降低很快,摊铺后应立即碾压。碾压温度控制初压为 160 ℃ ~170 ℃,采用振动压路机静压一遍,复压采用振动压路机振动压实 2 ~4 遍,最后用较宽的钢性碾终压一遍结束。终压温度不得低于 130 ℃,在碾压过程中应尽可能采用同一机型的压实机具,对路面的整体压实及平整度都有一定的好处。

(3)碾压遵循"高频、低幅、紧跟、慢压"的原则,碾压过程中要保持均衡地进行,速度要慢,不超过 5 km/h,掉头倒退时关闭振动,方向要渐渐地改变,不应拧弯行走,碾压结束后压路机不应停在未冷却的路面上。

6. 改性沥青混凝土路面的接缝

改性沥青混凝土大多应用于表面层,横向接缝做的不好将直接影响平整度。为了确保横向接缝不跳车,不影响路面平整度,在接缝的施工过程中必须用 3 m 直尺对不平整段进行检查,发现问题及时处理。

(1)在每天摊铺结束的终了段应铺一薄层砂,碾压结束后,用 3 m 直尺测量不合格段应切割成立荐,并清扫干净。

(2)横向接缝施工前应涂刷黏层油并用熨平板预热。

(3)重新开始摊铺前应在摊铺机的熨平板下放置起始垫板,垫板的厚度应等于混合料松铺厚度与已压实路面厚度之差,其长度应超过熨平板的前后边距。

(4)横向接缝处摊铺混合料后应先清缝,然后检查新摊铺的混合料摊铺厚度是否合适。清缝时不得向新铺混合料方向过分推刮。

(5)横向接缝碾压时应直接垂直车道方向沿接缝进行。并应在路面纵向边处放置支承木板,其长度应足够压路机驶离碾压区。如果因为施工现场限制或相邻车道不能中断交通时,也可沿纵向碾压,但应在摊铺机驶离接缝后尽快进行,且不得在接缝处转向。

7. 开放交通及养护

改性沥青混凝土路面不宜过早开放交通,若因工程需要应洒水冷却后方可开放交通。开放交通后应每

1 km 设 1 ~ 2 个工人进行养护,并看护防止油及其他破坏因素破坏路面影响竣工验收。

7.3.4 改性沥青混合料及路用性能检验

1. 混合料的马歇尔试验

混合料的马歇尔试验见表7.4。

2. 混凝土高温稳定试验(车辙试验)

混凝土高温稳定试验见表7.5。

3. 水稳定性能试验(冻融劈裂试验)

水稳定性能试验见表7.6。

表7.4 混合料马歇尔试验

日期	理论密度 (g/cm³)	实测密度 (g/cm³)	空隙率 (%)	稳定度(kN)	流值(0.01 mm)	浸水48 h 稳定度(kN)	残留稳定度(%)
7.15	2.563	2.481	3.2	11.6	28	10.4	89.7
7.25	2.563	2.471	3.6	10.9	33	10.0	91.7
8.5	2.563	2.473	3.5	12.2	27	11.0	90.2
8.15	2.563	2.480	3.4	13.6	34	12.5	91.9
平均	2.563	2.476	3.4	12.1	30.5	10.975	90.9
规范要求			3 ~ 6	≥7.5	20 ~ 40		≥80

表7.5 混凝土高温稳定试验

编号	级配	实测密度(g/cm³)	试验数据(次/mm)	平均值(次/mm)	规范要求(次/mm)
1	AC—16	2.476	1 543		
2	AC—16	2.476	1 459	1 483	1 400
3	AC—16	2.476	1 447		

表7.6 冻融劈裂残留强度试验结果

指标	结果
劈裂强度(MPa)	1.502
冻融劈裂强度(MPa)	1.382
残留强度(%)	92.1
规范要求(%)	≥80

4. 低温抗裂性能试验(弯曲试验)(见表7.7)

5. 路用性能检验

本工程于7月9日开始铺筑改性沥青混凝土,8月20日结束,随后对全标段进行了构造深度、渗水系数、取芯压实度等的检测(见表7.8)。

表7.7 小梁弯曲试验结果

试件	高度(mm)	宽度(mm)	荷载(kN)	挠度(mm)	抗弯拉强度(MPa)	梁底最大弯拉应变(μm)
1	34.75	29.91	1.20	0.575	0.010 0	2 997
2	34.65	30.04	1.43	0.700	0.011 9	3 638
3	34.57	30.22	1.31	0.530	0.009 9	2 707
平均						3 114
规范要求						3 000 ~ 3 500

表7.8 路用性能检测结果

项目	上面层	标准	项目	上面层	标准
构造深度(mm)	0.6 ~ 0.8	≥0.55	摆值(BPN)	46 ~ 51	≤42
压实度(%)	98 以上	≥95	弯沉(0.01 mm)	20 以下	≤28
深水系数(ml/min)	0 ~ 2	≤20	平整度(mm)	0.523	≤1.2

7.3.5 结论

（1）4.5% SBS（YH801）改性沥青，25 ℃针入度比未改性的沥青降低40（0.1 mm）左右，软化点提高15 ℃以上。5 ℃延度提高30 cm以上。弹性恢复均大于65%。针入度指数 PI 在 0.56 以上，改性后的沥青各项指标均能满足《改性沥青路面施工技术规范》SBSI 的技术要求。

（2）改性沥青混合料试验结果表明，其高温稳定性能、低温抗裂性能和水稳定性等均优于未改性的沥青混合料，能够很好地满足高速公路的要求。

（3）由于改性沥青在黑龙江省应用还是新兴事物，真正的路用效果还需要实践考验。

7.4 工程实践案例——公路 SMA 改性沥青路面实践技术

7.4.1 工程背景资料

黑龙江省位于中国的北部，北纬42°左右，夏季炎热，冬季寒冷，温差较大，在过去修筑的沥青混凝土路面中，由于结构设计、施工工艺、原材料质量及气候条件等多方面因素的影响，造成沥青路面的夏季鼓包、泛油、冬季开裂，致使沥青混凝土路面早期破坏，严重地降低了沥青路面的使用寿命。为了提高沥青混凝土路面的高温稳定性及低温抗裂性能，采用 SMA 路面能够解决黑龙江省寒冷地区因低温开裂及水损害对沥青路面造成的破坏。铺筑段位于哈双高速公路84合同段内，里程桩号为：K51 + 300 ~ K51 + 800 左半幅，长度为500 m，路面宽度为双向四车道，2 × 3.75 m。

铺筑段路面结构如下：

底基层：30 cm 厚 5% 水泥稳定沙砾；

基层：18 cm 厚 6% 水泥稳定沙砾；

面层：三层结构，总厚度为 15 cm，下面层为 AC-25 I 沥青混凝土，厚度为 6 cm，油石比为 4.5%，用伊朗 AH-90 桶装沥青；中面层为 AC-20 I 沥青混凝土，厚度为 5 cm，油石比为 4.8%，用韩国 AH-90 沥青；表面层厚度为 4 cm。

7.4.2 SMA 路面组成设计

1. 材料

（1）基质沥青及改性沥青。根据哈双高速公路路面 AC-16 I 表面层设计，采用与上面层相同的基质沥青，是由韩国 SK 珠式会社进口的 AH-110 重交通道路沥青，沥青的试验结果、各项指标均符合《公路沥青路面施工技术规范》规定的技术要求。

为了提高沥青混合料的使用性能，采用了 SBS 改性沥青，施工现场改性。选定热塑性弹性体 SBS4303 作为改性剂，其嵌数比 S/B 为 30:70，属星型结构，添加剂量为 5.0%，改性设备为兰亭改性设备。改性后沥青性能对比情况见表7.9。

表 7.9 基质沥青及 SBS 改性沥青质量评价结果

类型	指 标	单位	试验结果	改性沥青技术要求			
				I —A	I —B	I —C	I —D
基 青	软化点	℃	44				
	针入度	0.1 mm	117.8				
	延度	cm	7 100				
	针入度（25 ℃）	0.1 mm	66.1	>100	>80	>60	>40
	针入度（30 ℃）	0.1 mm	97.0	—	—	—	—
	针入度指数 PI		+0.68	> −0.1	> −0.6	> −0.2	> +0.2
	延度（5 ℃ 5 cm/min）	cm	53	>50	>40	>30	>20
	软化点 TR&B	℃	80℃	>45	>50	>55	>60
	运动黏度（135 ℃）	Pa · S	<3	<3			

类型	指标	单位	试验结果	改性沥青技术要求			
改性沥青	闪点	℃	346	<230			
	溶解度	%	99.84	<99			
	分离、软化点差	℃	—	<2.5			
	弹性恢复(25 ℃)	%	100	>55	>60	>65	>70
	TFOT 后残留物						
	质量变化	%	-0.12	<11			
	针入度比(25 ℃)	%	86.4	>50	>55	>60	>65
	延度(5 ℃)	cm	46	>30	>25	>20	>15

（2）矿料。集料采用哈双指挥部材料厂自行加工的玄武岩：10~20 mm，5~10 mm，细集料采用机制沙和天然沙，矿粉采用石灰矿粉。由于粗集料与沥青的黏附性为 3 级，为了增强沥青与集料的黏附性，同时掺入了消石灰粉，用量为 2%。材料的筛分结果如表 7.10、表 7.11 所示。

表 7.10　材料筛分结果

材料	通过下列筛孔(mm)的百分率/%										
	19	16	13.2	9.5	4.75	2.36	1.18	0.6	0.3	0.15	0.075
10~20 mm	100	90.13	62.75	18.58	0.65	0.55	0.48	0.4	0.3	0.23	0.2
5~10 mm	100	100	100	99.2	9	1.25	1.1	1	0.7	0.7	0.25
机制沙	100	100	100	99.9	98.7	53.4	16.9	6.9	2.1	2.1	1.05
天然沙	100	100	100	99.7	97.2	92.3	81.7	61.7	15.6	0.9	0
矿粉	100	100	100	100	100	100	100	100	100	99.9	86.8
消石灰	100	100	100	100	100	100	100	100	100	90.4	87.7

表 7.11　矿料密度试验结果

材料	10~20 mm	5~10 mm	机制沙	中沙	石灰矿粉	消石灰
视密度(g·cm⁻³)	2.858	2.854	2.801	2.570	2.691	2.480
毛体积密度	2.836	2.817	2.801	2.570	2.691	2.480

粗集料：含泥量：0.31%；

针片状含量：3.5%；

压碎值：7.4%；

中沙：含泥量：1.7%。

（3）纤维。使用德国 Faserwerk，Kelheim，Gmbh 公司的德兰尼特 AS 纤维。

2. 矿料级配范围

通过各种沥青混合料矿料级配的比较（规范规定范围），采用规范规定的 SMA-16 Ⅰ 型级配范围（表 7.12）。

表 7.12　SMA-16 Ⅰ 型级配范围

规格	16	13.2	9.5	4.75	2.36	1.18	0.6	0.3	0.15	0.075
SMA-16	95~100	72~92	54~72	25~40	17~31	14~26	10~22	8~17	7~15	8~12

3. 混合料配合比组成设计

（1）确定矿料级配。按照 SMA-16 的标准级配建议值，以 4.75 mm 的通过率为 22%，25%，28%：0.075 mm 的通过率 10% 左右为基准，配合比分 3 组，3 组混合料的配合比如下：

1 号:10~20:5~10: 机制沙: 天然沙: 矿粉: 消石灰 =54:26:5:5:8:2;

2 号:10~20:5~10: 机制沙: 天然沙: 矿粉: 消石灰 =54:23:7:6:8:2;

3 号:10~20:5~10: 机制沙: 天然沙: 矿粉: 消石灰 =54:20:9:7:8:2。

（2）选择初试沥青用量,测定 VMA（混合料矿料间隙率）,VCA$_{mix}$（沥青混合料的粗集料骨架间隙率）。矿料毛体积相对密度大于 2.8,按 AASHTO 的最小油石比为 6.3%。首先按 6.0% 油石比制作马歇尔试件,计算试件的空隙率 w,测定 VMA,VCA$_{mix}$,根据 VMA 大于 17% 及 VCA$_{mix}$小于 VCADRC（粗集料松装间隙率）的要求确定级配（表 7.13）,表中毛体积密度由表干法测定,试件最大相对密度采用计算理论密度。

表 7.13　目标配合比试验记录

试件编号	沥青用量(%)	视密度 (g/cm^{-3})	理论密度 (g/cm^{-3})	沥青混合料 空隙率 VV(%)	矿料间隙率 VMA(%)	结论 VCA$_{mix}$(%)
1 号	5.66	2.4	2.54	5.51	19.17	34.9
	5.66	2.391	2.54	5.87	20.01	35.1
	5.66	2.409	2.54	5.12	19.41	34.6
2 号	5.66	2.427	2.54	4.45	18.75	36.4
	5.66	2.421	2.54	4.69	18.95	36.6
	5.66	2.417	2.54	4.8	19.08	36.7
3 号	5.66	2.425	2.538	4.5	18.73	38.7
	5.66	2.429	2.538	4.3	18.60	38.6
	5.66	2.430	2.538	4.2	18.56	38.6

由表 7.13 可知,3 种级配中,VCA$_{mix}$、VMA 均满足要求,但 VV 偏大。只有 3 号级配接近 4%。故暂选 3 号为设计级配,增加矿粉量。调整后的级配为:10~20:5~10: 机制砂: 河砂: 矿料: 消石灰 =51:28:5:4:10:2。

（3）变化油石比,测定空隙率,确定最佳油石比。原 3 号级配的油石比变化为 6%,6.2%,6.4%,补充 6.2%、6.4% 再进行马歇尔试验,结果见表 7.14。

表 7.14　目标配合比试验记录

试件编号	沥青用量(%)	视密度 (g/cm^{-3})	理论密度 (g/cm^{-3})	沥青混合料 空隙率 VV(%)	矿料间隙率 VMA(%)	结论 VCA$_{mix}$(%)
1 号	5.66	2.422	2.54	4.6	18.98	31.3
	5.66	2.427	2.54	4.4	18.82	31.2
	5.66	2.410	2.54	5.1	19.39	31.6
2 号	5.84	2.408	2.533	4.9	19.60	31.7
	5.84	2.435	2.533	3.9	18.70	31.9
	5.84	2.433	2.533	3.9	18.76	31.0
3 号	6.01	2.431	2.536	4.1	18.98	31.1
	6.01	2.418	2.536	4.6	19.41	31.4
	6.01	2.420	2.536	4.6	19.34	31.3

从表 7.14 可知,VMA,VCA$_{mix}$均满足要求,但 VV 还是偏大,增加矿粉没有降低 VV,但增加沥青用量,VV 降低。为此还以原 3 号为设计级配。

4. 配合比设计检验

按照《公路沥青路面施工技术规范》（JTG F40—2004）、《公路改性沥青路面施工技术规范》（JTJ 036—98）和《公路沥青路面设计规范》（JTG D50—2006）的要求,对经过马歇尔试验确定的矿料级配和油石比进行高温稳定性、低温抗裂性能、水稳定性等一系列配合比设计检验。

（1）高温稳定性检验。按规范规定,在 60 ℃、0.7 MPa 条件下进行车辙试验,检验高温稳定性,车辙试验结果符合要求。具体见表 7.15。

（2）水稳性检验。按规范的规定，应采用浸水马歇尔试验及冻融劈裂试验，检验水稳性。浸水马歇尔试验、冻融劈裂试验结果如表 7.16 所示。

表 7.15　动稳定性检测结果

试验项目	试验结果	JTJ036 规范要求
动稳定度（次/mm）	10 000	≥3 000

表 7.16　水稳定性检测结果

试验项目	试验条件	试验结果	规范要求
浸水马歇尔试验	——	91	≥80%
冻融劈裂试验		88%	≥80%

（3）低温抗裂性能检验。按照规范规定：应采用低温弯曲试验，检验低温抗裂性能，试验温度为 −10 ℃，加载速率为 50 mm/min，试验结果如表 7.17 所示。

（4）采用烘干法进行沥青析漏损失检验，析漏损失为 0.07%，符合要求（标准 <0.2%）。

（5）肯塔堡飞散损失为 5.6%（标准 <20%）。

（6）试件表面构造深度 1.1 mm，渗水试验不透水。

表 7.17　低温抗裂行能检测结果

试验项目	试验结果	规范要求
破坏强度（MPa）	6.57	
破坏应变（ε）	3 334	≥3 000
破坏劲度（μPa）	2 300.2	

7.4.3　SMA 路面施工工艺

1. 沥青混合料的配比

（1）混合料生产配合比

3 号仓：2 号仓：1 号仓：矿粉 = 37.5：28.2：19：9.4。

（2）混合料的用油量为 5.9%。

（3）纤维掺加剂为混合料总量的 0.3%。

（4）拌和站型号：英国产 ACP3000 型间歇式拌和站，拌和机具有防止矿粉飞扬散失的密封性能及除尘设备，并具有检测拌和温度的装置。

（5）混合料拌和时间以混合料拌和均匀、纤维掺加剂均匀分布在混合料中，所有矿料全部裹覆沥青为度。

2. 混合料运输

由于改性沥青和 SMA 的沥青玛蹄脂的黏性较大，运料车的车厢底部要涂刷较多的油水混合物，而且为了防止运料车表面混合料结成硬壳，运料车运输过程中必须加盖苦布。运料车的数量必须满足要求。为了保证路面的平整度，必须要均匀、缓慢、匀速摊铺。采用大吨位运输车运料，在摊铺过程中尽量避免撞击摊铺机。在摊铺时，宁可运料车等摊铺机，也不能摊铺机等候运料车。

改性沥青 SMA 混合料在摊铺过程中，会突然遇到降雨的情况，在夏季雷阵雨天气也时有发生，要尽量避免这种情况下施工。为此，事先要注意天气预报，并与气象台（站）订好合同，让气象台（站）及早告诉施工单位天气的变化，以防措手不及，有时拌和厂与施工现场距离较远，一方晴空万里，一方雷雨交加，碰到这种情况，必须立即停止摊铺，将已摊铺的混合料迅速碾压，如果碾压成型有困难必须毫不留情地除掉。

（1）采用的运输车至少是 20 t 解放车。为防止沥青与车厢板黏结，车厢板和底应涂一薄层油水混合液。

（2）在运输过程中，为保证混合料温度，每台车均需用苦布覆盖。

（3）在摊铺时，为了保证摊铺的连续性，不停机，在摊铺过程中应保证前面有 3 台车等待卸料。

（4）在摊铺过程中，尽量避免运输车撞击摊铺机。

3. 混合料摊铺

（1）拌和站的拌和能力 200 t/h。

（2）采用德玛克（DFl40CS）摊铺机摊铺。

（3）摊铺机具备自动找平、自动调节厚度装置，并且配有振动熨平板装置。

（4）全幅 $B = 11.98$ m 一次性摊铺。

（5）混合料松铺系数为 1.05。

（6）混合料摊铺温度为 175 ℃，低于 130 ℃混合料作废。

4. 混合料碾压

（1）采用 1 台瑞典产丹那派克压路机及 2 台美国产英格索兰 DD-130 压路机碾压。

（2）采用高温碾压，即摊铺完成后立即碾压。

（3）碾压程序：首先采用丹那派克静压 2 遍，速度为 2 km/h；然后采用 DD-130 英格索兰压路机振动碾压 2 遍，最后静压 1 遍，不用胶轮碾压。

（4）压路机碾压时，相临碾压带应重叠 1/3～1/2 轮宽；压路机启动或停止必须减速缓慢进行。

（5）初压温度不低于 130 ℃，碾压终了温度不低于 120 ℃。

5. 接缝

改性沥青及 SMA 路面的接缝处理要比普通混合料困难一些，如果到第二天处理接缝，改性沥青 SMA 混合料会变得非常紧硬，不仅用镐刨很困难，就连切割机切缝都很困难，所以无论如何要想办法防止出现冷接缝。如果采用 2 台摊铺机成梯队摊铺，纵向不能相距太远，应保持纵向热接缝状态。如果摊铺机摊铺宽度不能满足要求，会出现冷接缝，在这种情况下，摊铺时应在外侧设置挡板，冷接缝就可以不必另行处理。横向接缝采取垂直接缝的方法，在改性沥青 SMA 层每天施工完工后，稍稍停一停，尤其尚未冷却之前，就切割好，并利用水将接缝处冲洗干净，第二天施工时，涂刷粘层油，即可接下去铺新混合料，接缝时应采用 3 m 直尺控制，对接头处平整度进行检查，防止接头不好而影响平整度。

7.4.4 SMA 路面与改性沥青混凝土路面实验结果对比分析

1. 高温稳定性（车辙试验）

按我国《公路工程沥青及沥青混合料试验规程》（JTJ E20—2011）之 T0719 的车辙实验方法，对 SBS 改性的沥青混合料上面层及 SBS 改性的表面层 SMA 混合料分别进行了车辙实验，表 7.15 中动稳定度 DS 表示每产生 1 mm 轮辙反复碾压的次数，从实验结果看出，SMA 混合料远远大于改性沥青混合料。所以改性沥青 SMA 混合料有极大的高温抗车辙能力是勿容置疑的。由于哈双高速公路车流量大，大型货车、超载车辆较多，在夏季高温时，这种抗车辙能力就显得尤为重要了。

2. 低温抗裂性能

黑龙江省位于北纬 42°左右，冬季寒冷、最低温度可达 -35 ℃，夏季炎热，全年温差较大，低温收缩开裂是相当严峻的问题。通过检测结果看，沥青通过 SBS 改性以后，针入度减少、软化点升高、高温黏度增大、低温延度增大，沥青性质指标在高温及低温两个方面都普遍有大幅度提高。

3. 抗滑

从实验结果可以看出，SMA 路面构造深度可达到 1.02 mm 以上，而普通沥青混凝土路面的构造深度一般为 0.60 mm 左右，在抗滑方面 SMA 路面具有很大的优势。

7.4.5 SMA 路面经济分析

按高速公路沥青面层 SMA 面层厚 4 cm，混合料相对密度 2.5 t/m³ 计，1 km 延长米 1 m 宽 SMA 表面层需要混合料 100 t，1 km 延长米 23 m 宽表面层共需要 SMA 混合料 2 300 t，沥青用量以 6% 计，需要沥青 138 t（使用 4.5% SBS 改性）。

7.4.6 结论

目前我国推广应用改性沥青 SMA 路面的最大障碍是经费和认识问题，然而，公路的建设成本除了初期投资外，还应包括使用阶段的维修养护费用和运费在内，这样才算是建设工程的全过程成本经济效益，如果使用改性沥青 SMA 新技术的费用能通过防止早期破坏，减少维修养护，延长使用寿命方面得以回报，总的费用不仅不会多花，反而会有很大的节省。通过国外修筑 SMA 路面考察分析，在欧美，一般认为采用 SMA 技术可以使路面寿命延长 1/3～1/4，也有的国家认为可延长 50%（如澳大利亚）。哈双高速公路 SMA 路面试验费用每公里增加 60 万元，但随着施工里程的增加费用会相对减少，所使用的纤维品种也可依据不同地区的特点有所变化。SMA 路面如在黑龙江省推广使用，每公里增加造价约 60 万元（高速公路双向四车道），而使用国产纤维，每公里增加费用约 22 万元，SMA 路面由于具有上述其他沥青路面无法比拟的优点，尤其是黑龙江省夏季炎热、冬季寒冷，其优点更为突出。

由此看出，SMA 路面在黑龙江省具有广泛的发展前景。

计　划　单

学习领域	寒区路桥工程施工技术		
学习情境	寒区路面工程施工	学时	10
工作任务	寒区沥青混凝土路面施工	学时	6
计划方式	小组讨论、团结协作共同制定计划		
序　号	实施步骤		使用资源
1			
2			
3			
4			
5			
6			
制定计划说明			

班　级		第　组	组长签字	
教师签字			日　期	

计划评价	评语：

决　策　单

学习领域	寒区路桥工程施工技术			
学习情境	寒区路面工程施工		学时	10
工作任务	寒区沥青混凝土路面施工		学时	6
方案讨论				

	组号	方案合理性	实施可操作性	安全性	综合评价
方案对比	1				
	2				
	3				
	4				
	5				
	6				
	7				
	8				
	9				
	10				

方案评价	评语：

班　级		组长签字		教师签字		月　日

实 施 单

学习领域	寒区路桥工程施工技术		
学习情境	寒区路面工程施工	学时	10
工作任务	寒区沥青混凝土路面施工	学时	6
实施方式	小组成员合作;动手实践		
序　号	实施步骤	使用资源	
1			
2			
3			
4			
5			
6			
7			
8			
9			
10			

实施说明:

班　级		第　　组	组长签字	
教师签字			日　期	
评　语				

检 查 单

学习领域	寒区路桥工程施工技术			
学习情境	寒区路面工程施工		学时	10
工作任务	寒区沥青混凝土路面施工		学时	6
序　号	检查项目	检查标准	学生自查	教师检查
1	咨询问题	回答得认真、准确		
2				
3				
4				
5				
6				
7				
8				
9				
检查评价	班　级		第　　组	组长签字	
	教师签字		日　期		
	评语：				

评 价 单

学习领域	寒区路桥工程施工技术				
学习情境	寒区路面工程施工		学时		10
工作任务	寒区沥青混凝土路面施工		学时		6
评价类别	项 目	子 项 目	个人评价	组内互评	教师评价
专业能力	资讯 （10%）	搜集信息及引导问题回答			
	计划 （5%）	计划可执行性和安排合理性			
	实施 （20%）	实施的完整性、合理性及可执行性			
	检查 （10%）	全面准确性和特殊情况处理			
	过程 （5%）	安全合理、符合操作规范			
	结果 （10%）	准确性、快速性			
社会能力	团结协作 （10%）	合作情况及对小组贡献度			
	敬业精神 （10%）	吃苦耐劳及遵守纪律			
方法能力	计划能力 （10%）	计划条理性			
	决策能力 （10%）	方案正确性			

	班 级		姓 名		学号	总评
	教师签字		第 组	组长签字		日期

	评语：
评价评语	

教学反馈单

学习领域	寒区路桥工程施工技术			
学习情境	寒区路面工程施工		学时	10
工作任务	寒区沥青混凝土路面施工		学时	6
序　号	调查内容	是	否	理由陈述
1	了解沥青混凝土路面质量问题有哪些吗？			
2	了解沥青路面施工准备工作有哪些吗？			
3	了解沥青混凝土路面摊铺的施工流程吗？			
4	是否了解沥青路面质量控制要点和指标？			
5	你对任课教师在本任务的教学满意吗？			
6	你对自己的表现是否满意？			
7	你对小组成员之间的合作是否满意？			
8	你认为本项目还应学习哪些方面的内容？（请在下面回答）			
9				
10				
11				
12				

你的意见对改进教学非常重要,请写出你的建议和意见。

被调查人签名			调查时间	

任务8 寒区水泥混凝土路面施工

任务单

学习领域	寒区路桥工程施工技术				
学习情境	寒区路面工程施工		学时		10
工作任务	寒区水泥混凝土路面施工		学时		4
布置任务					
学习目标	1. 了解水泥混凝土混合料的组成和配合比 2. 了解水泥混凝土生产、运输环节特殊要求 3. 了解水泥混凝土路面施工规定 4. 掌握水泥混凝土路面控制指标				
任务描述	1. 水泥混凝土路面施工准备工作 2. 制定水泥混凝土摊铺施工工艺流程 3. 制定水泥混凝土路面施工控制指标 4. 掌握水泥混凝土路面工程质量检测与评定				
学时安排	资讯	计划	决策	实施	检查	评价
	1 学时	0.5 学时	0.5 学时	1 学时	0.5 学时	0.5 学时
提供资料	[1] JTJ034—2000 公路路面基层施工技术规范. [2] JTG F30—2003 公路水泥路面施工技术规范. [3] JTGB01—2003 公路工程技术标准. [4] JTG/T D31-04—2012 多年冻土地区公路设计与施工技术细则. [5] 王海春. 特殊地区公路. 北京:人民交通出版社,2006. [6] 徐玫. 山区公路路基施工技术. 哈尔滨:哈尔滨工业大学出版社,2000.				
对学生的要求	1. 掌握沥青水泥混合料的组成及配合比 2. 掌握水泥混凝土施工温度控制指标 3. 掌握水泥混凝土摊铺和压实工艺流程 4. 必须会读识路桥工程图 5. 按学习目标完成相关任务内容 6. 必须具有团队合作的精神,以小组的形式完成工作任务 7. 严格遵守课堂纪律和工作纪律,不迟到,不早退,不旷课 8. 应树立职业意识,按照企业的岗位职责要求自己 9. 本项目工作任务完成后,需提交学习体会报告,要求另附				

资 讯 单

学习领域	寒区路桥工程施工技术		
学习情境	寒区路面工程施工	学时	10
工作任务	寒区水泥混凝土路面施工	学时	4
资讯方式	在图书馆、专业期刊、施工规范、互联网及信息单上查询问题;咨询任课教师		
资讯问题	1. 水泥混凝土路面施工准备工作有哪些?		
	2. 水泥混凝土路面摊铺时需控制哪些指标?		
	3. 水泥混凝土路面碾压的工艺流程是什么?		
	4. 水泥混凝土路面施工质量控制重点是什么?		
	5. 水泥路面常见质量问题有哪些?		
	6. 水泥路面压实度如何控制?		
	7. 水泥混凝土路面质量检验指标有哪些?		
资讯引导	1. 问题的解答需要在下面的信息单中查找。 2. 参考《公路沥青路面施工技术规范(JTGF40—2004)》、《公路水泥混凝土路面施工技术规范(JTG F30—2003)》、《公路水泥混凝土路面滑模施工技术规程(JTJ037.1—2000)》、《多年冻土地区公路设计与施工技术细则(JTG/T D31-04—2012)》等规范。 3. 王海春. 特殊地区公路. 北京:人民交通出版社,2006. 4. 徐玫. 山区公路路基施工技术. 哈尔滨:哈尔滨工业大学出版社,2000. 5. 曹永先. 道路工程施工. 北京:化学工业出版社,2010.		

信 息 单

8.1　水泥混凝土路面基础知识

水泥混凝土路面是以水泥和水拌和成的水泥浆为结合料,以碎(砾)石、砂为集料,再加适当的掺和料及外加剂,经过拌和、摊铺、振实、整平、养护而成的一种高级路面。

8.1.1　水泥混凝土路面的分类

水泥混凝土路面按照组成材料和施工方法的不同,分为普通混凝土路面、钢筋混凝土路面、连续配筋混凝土路面、刚纤维混凝土路面、碾压混凝土路面,目前应用最为广泛的是就地浇筑的普通混凝土路面。

(1)普通混凝土路面是指除接缝区和局部范围外不配置钢筋的水泥混凝土路面,混凝土面层通常采用等厚断面。

(2)钢筋混凝土路面是指为防止可能产生的裂缝缝隙张开,板内配置纵、横向钢筋或钢筋网的水泥混凝土路面。钢筋混凝土路面适用于当混凝土板的平面尺寸较大,面板形状不规则、预计路基或基层有可能产生不均匀沉陷,板下埋有地下设施等路段。

(3)连续配筋混凝土路面是指沿纵向配置连续的钢筋,除了在与其他路面交接处或邻近构造物处设置胀缝以及视施工需要设置施工缝外,不设横向伸缩缝的水泥混凝土路面。

(4)钢纤维混凝土路面是指在混凝土中掺入钢纤维的水泥混凝土路面。在混凝土中掺拌钢纤维,可以提高混凝土的韧度和强度,减少其收缩量。钢纤维的弯拉强度高于普通混凝土,所以所需的面层厚度要薄于普通混凝土面层。但是钢纤维混凝土造价高,因而主要用作设计高程受到限制的旧混凝土路面上的加铺层,或者用作复合式混凝土面层的上面层。

(5)碾压混凝土路面是指水泥和水的用量较普通混凝土显著减少的水泥混凝土混合料经摊铺、碾压成型的水泥混凝土路面。这类面层具有不需专用的混凝土铺面机械施工,完工后可以较早地开放交通,可以通过粉煤灰掺代水泥而降低造价等优点;缺点是表面的平整度差,混合料性质的均匀性较差,接缝处难以设置拉杆或传力杆。因而,主要用于行车速度不快的道路、停车场或停机坪的面层;或者用作下面层,在其上面铺筑高强的普通混凝土、钢纤维混凝土或者沥青混凝土薄面层,而形成复合式面层。

8.1.2　水泥混凝土路面的特点

1. 水泥混凝土路面的优点

(1)强度高。水泥混凝土路面具有较高的抗压强度、抗弯拉强度以及抗磨损能力,能经受较重的车轮荷载和车轮重复作用引起的路面磨耗。

(2)耐久性好。水泥混凝土路面经久耐用,使用年限较长,而且能通行包括履带式车辆等在内的各种运输工具。

(3)稳定性好。水泥混凝土路面的力学强度不受自然气候温度与湿度的影响,因而热稳定性、水稳定性和时间稳定性都好。对各种油类侵蚀的抵抗力也较强;同样遇到水的侵入其强度变化也比沥青混凝土小。

(4)抗滑性能好。水泥混凝土路面表面粗糙度好,路面在潮湿时仍能保持足够的粗糙度而使车辆不打滑,能保持较高的安全行车速度。

(5)造价适当,养护维修费用少。水泥混凝土与沥青混凝土路面相比,在使用的前20年内,用于养护的投资、材料和人工都比沥青混凝土路面低70%左右。水泥混凝土路面坚固耐久,养护维修的工作量小,所需养护费用较小。

(6)有利于夜间行车。水泥混凝土路面色泽鲜明,反光能力强,对夜间行车有利。

2. 水泥混凝土路面的缺点

（1）水泥和水的用量大。给水泥供应不足和缺水地区带来较大困难。

（2）接缝多。水泥混凝土路面设有很多纵向和横向的接缝，施工较复杂，而接缝处又是路面的薄弱点，如处理不当，就会容易导致路面板边和板角处破坏。

（3）修复困难。掘路和埋设管线的修补工作麻烦，且影响交通，水泥混凝土路面破坏后不易修复，且补后的整体强度差。

（4）施工前的准备工作较多。施工前需设置模板，布置传力杆、接缝和钢筋等，施工进度较慢。

（5）养护期长。施工后不能立即开放交通，需经过一段的湿治养护后方可开放交通。

8.1.3 水泥混凝土路面的构造

水泥混凝土路面由混凝土面层、基层、垫层、路肩结构和排水设施等组成。水泥混凝土路面以刚度大的水泥混凝土板作面层，因而可采用较沥青面层简单的结构层。

1. 横断面形式

在一定的轮载作用下，板中所产生的荷载应力约为板边产生的荷载应力的2/3。因此，为适应荷载应力的变化，面层板的横断面应采用中间薄两边厚的形式（如图8.1所示），通常其边部厚度较中部约大25%，从路面最外两侧板的边部，在0.6~1.0 m宽度范围内逐渐加厚。但是厚边式路面给土基和基层的施工带来不便；且使用经验也表明，在厚度变化转折处，易引起板的折裂。因此，目前国内外常采用等厚式断面。

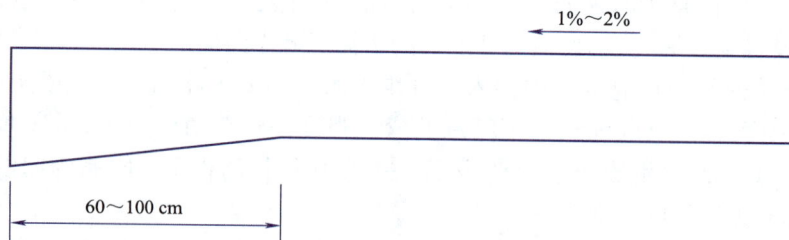

图8.1 厚边式混凝土路面横断面

2. 板厚

混凝土板的厚度，须根据该路在使用期内的交通性质和交通量计算而定，一般情况下，特重型交通的道路混凝土板厚应大于240 mm；重型交通的道路混凝土板厚应采用220~270 mm；中等交通的道路混凝土板厚应采用200~240 mm；轻型交通的道路混凝土板厚不应大于230 mm。

3. 接缝

（1）设置接缝的原因。水泥混凝土路面受气候温度变化的影响，会产生热胀冷缩的现象。在一昼夜中，白天气温升高，混凝土板顶面温度比板底面高，温度坡差会形成板的中部隆起的趋势；夜间气温降低，板顶面温度较底面低，会使板的周边和角隅发生翘起的趋势。这些变形会受到板与基础之间的摩擦力和黏结力，以及板的自重及车轮荷载的约束，致使板内产生过大的应力，造成板的断裂或拱胀等破坏。为避免这些破坏，在混凝土路面纵横两个方向会设置许多接缝，把整个路面分割成许多板块。

（2）接缝的种类及构造。

①横缝是与路线垂直的接缝，包括横向缩缝、横向施工缝和横向胀缝三种。

横向缩缝一般每隔4~6 m设置一道，常采用假缝形式（图8.2），即只在板的上部设缝隙，当板收缩时将沿此最薄弱断面自行断裂。横向缩缝顶部应锯切槽口，深度为面层厚度的1/5~1/4，宽度为3~8 mm，槽内填塞填缝料，以防水下渗及石沙等杂物进入缝内。

由于缩缝缝隙下面板断裂面凹凸不平，能起一定的传荷作用，一般不必设置传力杆，如图8.2（b）所示。但对交通繁重、地基水文条件不良路段以及邻近胀缝或自由端部的3条缩缝，应在板厚中央设置传力杆，如图8.2（a）所示，这种传力杆应采用光面钢筋，长度40~50 cm，直径28~38 mm。间距不大于30 cm设一根，但最外侧的传力杆距纵向接缝或自由边的距离为 15～25 cm。

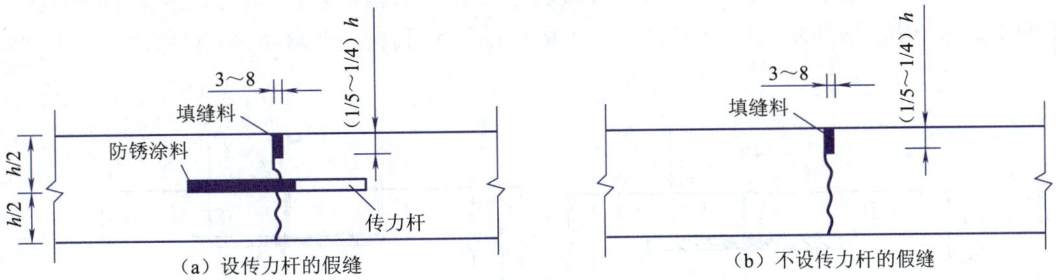

(a) 设传力杆的假缝　　(b) 不设传力杆的假缝

图 8.2　横向缩缝的构造(单位:mm)

缩缝能保证板因温度和湿度的降低在收缩时沿该薄弱断面缩裂,从而避免产生不规则的裂缝。

横向施工缝也叫工作缝,每日施工结束或因临时原因中断施工时,必须设置横向施工缝,其位置应尽可能选在缩缝或胀缝处。设在缩缝处的施工缝,应采用传力杆的平缝形式,其构造如图 8.3(a)所示;设在胀缝处的施工缝,其构造与胀缝相同,遇有困难需设在缩缝之间时,施工缝采用设拉杆的企口缝形式,其构造如图 8.3(b)所示。

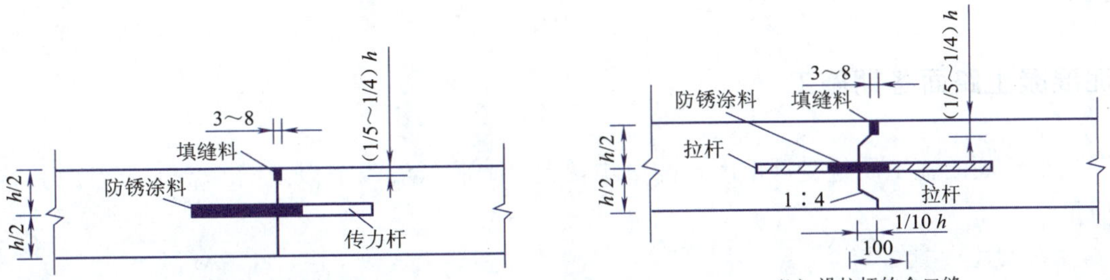

(a) 设传力杆的平缝　　(b) 设拉杆的企口缝

图 8.3　横向施工缝的构造(单位:mm)

横向胀缝是在邻近桥梁或其他固定构造物处或其他道路相交处设置的。胀缝处混凝土完全断开,所以又称为真缝。胀缝的构造如图 8.4 所示。缝隙宽约 20～25 mm。若施工时气温较高,或胀缝间距较短,应采用低限;反之用高限。缝隙上部 3～4 cm 深度内浇灌填缝料,下部则设置富有弹性的填缝板,它可以由油浸或沥青浸制的软木板制成。

横向胀缝中的传力杆一般采用长 40～50 cm,直径 28～38 mm 的光圆钢筋,间距不大于 30 cm,传力杆用在基层预定位置上设置的钢筋支架予以固定。传力杆的半段固定在混凝土内,另半段涂以沥青并裹敷聚乙烯膜以保证传力杆与混凝土的滑动性,套上长约 8～10 cm 的铁皮或塑料套筒,筒底与杆端之间留出宽约3～4 cm的空隙,并用纱头等弹性材料填充,以利于板的自由伸缩。在同一条胀缝上的传力杆,设有套筒的活动端最好在缝的两边交错布置。

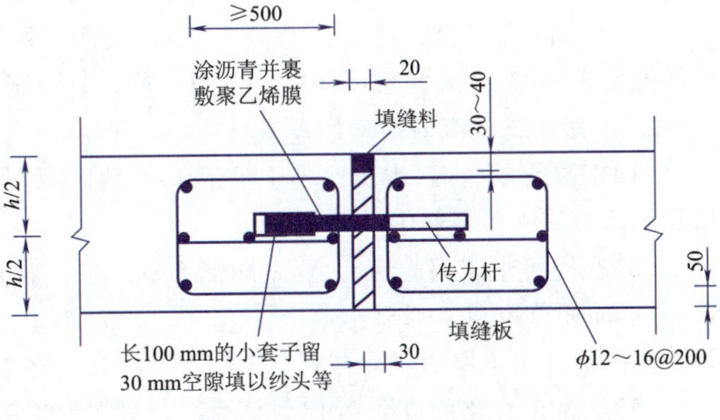

图 8.4　横向胀缝的构造(单位:mm)

胀缝保证板在温度升高时能伸张,从而避免产生路面板在热天的拱胀和折断破坏,同时,胀缝也能起到缩缝的作用。另外,混凝土路面每天完工之后或因雨天又或其他原因不能继续施工时要设置施工缝。

任何形式的接缝处板体都不可能是连续的,其传递荷载的能力总不如非接缝处。而且任何形式的接缝都不免要漏水。因此,对各种形式的接缝,都必须为其提供相应的传递荷载与防水的设施。

②纵缝是指平行于路面行车方向的接缝。纵缝间距一般按 3～4.5 m 设置,这对行车和施工都较方便。一次铺筑宽度小于路面宽度时,应设置纵向施工缝。纵向施工缝采用平缝形式,上部应锯切槽口,深度为

30～40 mm,宽度为 3～8 mm,槽内灌塞填缝料,构造如图 8.5(a)所示,一次铺筑宽度大于 4.5 m 时,应设置纵向缩缝。纵向缩缝采用假缝形式,锯切的槽口深度应大于施工缝的槽口深度。采用粒料基层时,槽口深度应为板厚的 1/3;采用半刚性基层时,槽口深度为板厚的 2/5,其构造如图 8.5(b)所示。

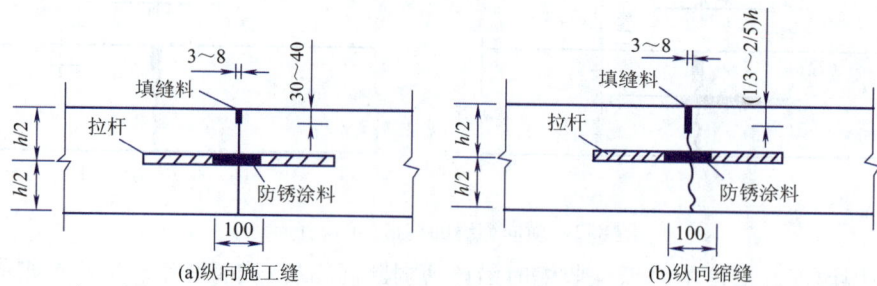

图 8.5　纵缝的构造图(单位:mm)

水泥混凝土路面的纵缝处板厚中央应设置拉杆,拉杆应采用螺纹钢筋,并应对拉杆中部 100 mm 范围内进行防锈处理。拉杆的长度 70～80 cm,直径 14～16 mm,间距为 40～90 cm,但最外侧的拉杆距横向接缝的距离不得大于 10 cm。

8.2　水泥混凝土路面冬期施工

水泥混凝土路面的施工质量受环境因素的影响较大,对高、低温季节以及雨季施工应考虑其特殊性,确保工程的质量。

1. 低温季节施工注意事项

混凝土强度的增长主要靠水泥的水化作用。当水结冰时,水泥的水化作用便会停止,而混凝土的强度也就不再增长,而且当水结冰时体积会膨胀,促使混凝土结构松散破坏。所以,施工现场连续 5 昼夜平均气温小于 5 ℃,或最低气温低于 -3 ℃ 时需要停止施工。由于特殊情况必须在低温(昼夜平均气温高于 5 ℃,最低气温在 -3 ℃ 以上时)施工时,要注意以下两方面措施。

(1)提高温度。采用高强度等级(32.5 以上)快凝水泥,或掺入早强剂或促凝剂,或增加水泥用量,通常情况下不允许对水泥加热,沙石料采用间接加热法,加热温度不能超过 40 ℃。

(2)路面保温措施。混凝土整修完毕后,表面采用覆盖蓄热保温材料,必要时还应加盖养生暖棚,在满足保温要求同时,还要注意经济性。常用谷草、油毡、锯末覆盖混凝土。

2. 冬期施工时需要注意的事项

(1)混凝土配合时,水灰比小于等于 0.45,坍落度小于等于 1 cm,用水量每立方米小于等于 140 kg,并应扣除氯盐溶液中沙石料中的含水率。

(2)在混凝土路面成活后,要立即铺 3 mm 以下细锯末,厚 2～3 cm,上面加较粗锯末或过筛的细土,厚 5 cm,再加盖草帘,4 d 后撤出草帘,换盖厚 20 cm 以上的松干土。需要特别注意混凝土板边角的覆盖养护,并要在模板外培土厚 30 cm 左右。冬期养护时间要在 28 d 以上,开放交通强度按照试件决定。

(3)通常可在路面成活 3 d 后拆除模板,外界气温骤降或有大风时要再延长拆模时间;拆模后边角要继续培土,注意恢复覆盖养护。

(4)测定水泥、砂、石、水搅拌前的温度,以及混凝土的温度,每台班大于等于 3 次;测定混凝土养护过程中的温度,浇筑最初两天内,每隔 6 h 测一次,其余每日夜大于等于 2 次;测温孔位置应设在路面边缘,深度大于 10 cm,温度计插入孔内 3 min 以后读数;要将全部测孔编号并做好测温记录,以便估算混凝土强度。

3. 冬期水泥混凝土路面施工氯盐掺量

冬期水泥混凝土路面施工氯盐掺量见表 8.1。

表 8.1　冬期水泥混凝土路面施工氯盐渗量

预估 10 d 内室外大气平均温度	白天正温度,夜间 −5 ℃ 以上	−5 ~ 0 ℃	−10 ~ −5 ℃
氯盐掺量占水重(%)	3	6	10
混凝土硬化最低温度	−2 ℃	−4 ℃	−7 ℃
说明	低温时期	初冬及冬末时期	严冬时期

注:①有钙化时,可以代替实验;施工时气温低于预估时,可以采用水加温办法或增加氯盐渗量。
　　②掺加氯盐必须使用氯盐溶液。
　　③预先将氯盐制成规定浓度的溶液,为了加速氯盐的溶解,可将水加热至 40 ~ 50 ℃。

8.3　工程实践案例——公路滑模摊铺水泥混凝土路面实践技术

龙建路桥股份有限公司第四工程处承建国道 202 公路黑河至北安段 K155 +000 ~ K170 +000 段施工任务。该路段自然区划为 I₂ 区,属中湿带大陆性季风气候,年平均气温 0.3 ℃,最大冻深 2.47 m。为满足水泥混凝土路面抗冻耐久性要求,本路段采用 ENC 型外加剂拌制混和料,滑模摊铺水泥混凝土路面施工。

8.3.1　施工前准备工作

(1)根据施工组织设计及现场实际情况制定详细切实可行的施工计划。

(2)依据设计文件、施工规范、标准、规程,及业主要求进行详细的技术交底,掌握规程,明确指标,向全体参加施工的人员贯彻全面质量管理有关知识,提高质量意识,明确施工质量的重要性。

(3)ENC 型引气混凝土配合比组成设计。

根据设计、规范要求,黑北九标段水泥混凝土混和料组成材料为:5 ~ 30 mm 碎石、中砂、水泥、水、ENC 外加剂。滑模摊铺水泥混凝土路面配合比设计应满足弯拉强度、工作性、耐久性、经济性基本要求。严格控制水泥混凝土混合料配合比和砂率,避免水灰比过大或混合料离忻,确保混凝土混合料有足够强度。

(4)材料的质量检查。设专职试验员监督备料质量,不合格料杜绝进场。

(5)施工组织和机械设备准备。按施工组织设计确定施工人员和机械。

(6)严格控制下承层高程在设计范围内,避免厚度不均匀产生应力集中,浇筑混凝土前洒水湿润下承层,防止下承层吸水引起混凝土塑性收缩产生裂缝。下承层应稳定、密实、平整。工作下承层验收合格后,恢复中线,施工放样。

(7)拌和场安装试机,整修便道,检校拌和计量装置。

为保证材料质量,在拌和场对中砂进行过筛。

8.3.2　先导段施工

为保证滑模摊铺水泥混凝土路面施工中各环节的运转和质量,在开工前需进行先导段施工。通过 ENC 引气水泥混凝土滑模摊铺施工,先导段施工作如下总结:采用 GHP2800 滑模摊铺机 1 台,配备水泥混凝土拌和站 80 站 1 座、50 站 1 座,ZL50 装载机 4 台,5T 洒水车 4 台,8T 自卸汽车 15 台,人工 120 人,合理日进度 800 m/日,摊铺的坍落度 3 ~ 4 cm,水泥混凝土拌和料含气量 3% ~ 4%。

8.3.3　ENC 型引气混凝土路面施工及质量控制要点

采用 ENC 型引气混凝土拌和料滑模摊铺水泥混凝土路面,拌和设备必须采用电子计量装置,优良的水泥混凝土路面要有质地优良的材料、合理的施工组织、先进的施工工艺、完善的质量控制手段。

1. 施工原材料的质量控制

质地优良的原材料能改善水泥混凝土拌和料的匀质性、工作性、稳定性、可滑性,提高水泥混凝土的抗折强度。选用强度高、干缩小、耐磨性强,与抗冻好、安定性良好的水泥。所用粗细集料选用符合设计和规范要求的材料,并级配良好,质地坚硬,各项指标符合要求。该标段水泥混凝土路面开工前中砂有冻块,采取筛除冻块措施,保证提前开工。

2. 合理的施工组织

引气混凝土拌和料工作性好,摊铺速度较快,日进度可达 800 m。由于施工中经常出现炎热、风大、急雨天气,要求施工中配备充足的施工人员,作好防雨设备,抹面、压毛、初期养生必须及时、合理。

3. 先进的施工工艺

(1)水泥混凝土拌和料的拌和。充分、强烈的匀质拌和能使引气混凝土拌和料达到最佳含气量,该标段采用双卧轴式搅拌站,拌和时间为90 s。

(2)水泥混凝土拌和料的摊铺。为避免卸料不均匀造成摊铺机行走困难,该项目在摊铺机前配备一台铲车布料,保证料仓进料饱满、料堆高度合理。新拌混凝土振捣时间过长,含气量损失过多,振捣频率控制在 6 000 ~ 11 000 r/min 范围内。新拌混凝土偏干的,应提高振捣频率,降低机器作业速度,当新拌水泥混凝土偏稀时,应适当降低振捣频率,加大机器作业速度。摊铺机抹平后由跟机瓦工找一横断挂线,量出小线距新铺筑混凝土表面距离,观察是否为预留值,若不符则应通知摊铺机手及时调整数据。

(3)表面修整。滑模摊铺机在挤压板后、在抹平板前表面上少量局部麻面和明显缺料部位,应补充适量拌和料,由抹平板机械修整。禁止整个表面用加铺薄层砂浆层修补路面高程。对打侧向拉杆时被挂坏的边,滑模摊铺机连续摊铺抹平板未抹到边缘,及出现倒边、塌边、溜肩现象,应顶侧模或上部支方铝管,边缘补料修整。左右连接摊铺的纵缝处应进行适量修整。对滑模摊铺机起步摊铺段及施工接头应采用水准仪抄平,采用大于 6 m 方铝管边测边修整。

(4)压毛。该标段采用非等距铁耙,采用压毛施工,压毛时间控制在初凝时间左右。

(5)切缝。切缝宜采用软切缝方式,提前大段先切后用硬切方式切缝。切缝时间一般控制200 ~ 250 温度小时,切缝深度控制在 8 cm,该标段切缝时间为施工结束后 12 ~ 24 h 进行。切得过早会出现打边、掉角现象。切得过晚不但切割费时、费机、费力,而且会造成断板。切缝时要与压毛方向一致,做到边部下锯中间深出一些。便于缝内水的排出,同时符合混凝土板的应力分布情况。在切完一道缝后,立即用有压力的清水冲洗缝内淤物。

(6)养生。初期养生一定要及时,尤其在高温、风大的天气时要及时进行,否则就会因表面干缩造成混凝土表面裂纹。

4. 引气混凝土施工的质量管理

搅拌站每天按规定进行坍落度、强度试件制作和含气量毛体积密度的测定。摊铺路段进行坍落度、平整度、厚度等指标的测定。通过试验和现场检测达到质量控制的目的。现场质量控制采取以下方法:

(1)边部使用 6 m 直尺靠,半尺压半尺前移。

(2)横向平整度控制使用线绳两侧拉,然后在边部安放靠尺,少料地方及时填料。

(3)找平瓦工要认真负责,填料用混凝土拌和料,禁止使用混凝土砂浆。

(4)使用压毛器由一侧拉向另一侧,靠住压毛靠尺,匀速拉动。压毛过程中避免停顿。压毛时间十分重要,不宜过早也不宜过晚,压毛过早会坍毛,甚至影响混凝土表面平整度。压毛过晚,则会在毛迹边缘带起水泥浆,甚至拉不出毛迹。一般压毛时间以用手触摸混凝土表面微有硬度感、略粘手结晶时为宜。压毛时注意与中线垂直,毛迹清晰,深度掌握在 2 ~ 3 mm。每耙之间衔接间距保持一致。

(5)混凝土摊铺机应匀速行驶,尽量不停机,如果停机,在停机位置进行人工找平。

(6)到场混凝土的坍落度尽量控制在 3 ~ 3.5 cm,尽量保持坍落度的数值不变。

(7)加线绳找平。在抹平过程中,以摊铺后的成型混合料边部一点为圆心,划扇形区域进行混合料表面找平。利用基准线控制靠尺的高程,由跟机瓦工量取基准线与靠尺下缘高程为预留值,控制边部高程。

黑北九标通过 ENC 引气混凝土滑模摊铺施工,积累了一定的施工经验,ENC 型外加剂能够满足滑模施工最佳工作性能及其稳定性和可滑性独特的工艺要求。在保持水泥用量不变情况下,可以节省3%的砂石用量,同时成型后养生少、强度提高快,一般 7 ~ 10 d 即可通车,为下道工序提前施工提供作业面,增加经济效益。

计 划 单

学习领域	寒区路桥工程施工技术		
学习情境	寒区路面工程施工	学时	10
工作任务	寒区水泥混凝土路面施工	学时	4
计划方式	小组讨论、团结协作共同制定计划		
序　号	实施步骤		使用资源
1			
2			
3			
4			
5			
6			
制定计划说明			
计划评价	班　级		第　　组	组长签字	
	教师签字		日　　期		
	评语：				

决 策 单

学习领域	寒区路桥工程施工技术		
学习情境	寒区路面工程施工	学时	10
工作任务	寒区水泥混凝土路面施工	学时	4

方案讨论

	组号	方案合理性	实施可操作性	安全性	综合评价
方案对比	1				
	2				
	3				
	4				
	5				
	6				
	7				
	8				
	9				
	10				
方案评价	评语：				

班　级		组长签字		教师签字		月　日

实 施 单

学习领域	寒区路桥工程施工技术		
学习情境	寒区路面工程施工	学时	10
工作任务	寒区水泥混凝土路面施工	学时	4
实施方式	小组成员合作;动手实践		
序 号	实施步骤		使用资源
1			
2			
3			
4			
5			
6			
7			
8			
9			
10			

实施说明:

班 级		第 组	组长签字	
教师签字			日 期	
评 语				

检 查 单

学习领域	寒区路桥工程施工技术			
学习情境	寒区路面工程施工		学时	10
工作任务	寒区水泥混凝土路面施工		学时	4
序 号	检查项目	检查标准	学生自查	教师检查
1	咨询问题	回答得认真、准确		
2				
3				
4				
5				
6				
7				
8				
9				

	班 级		第 组	组长签字	
	教师签字		日 期		
检查评价	评语：				

评 价 单

学习领域	寒区路桥工程施工技术				
学习情境	寒区路面工程施工			学时	10
工作任务	寒区水泥混凝土路面施工			学时	4
评价类别	项　目	子　项　目	个人评价	组内互评	教师评价
专业能力	资讯（10%）	搜集信息及引导问题回答			
	计划（5%）	计划可执行性和安排合理性			
	实施（20%）	实施的完整性、合理性及可执行性			
	检查（10%）	全面准确性和特殊情况处理			
	过程（5%）	安全合理、符合操作规范			
	结果（10%）	准确性、快速性			
社会能力	团结协作（10%）	合作情况及对小组贡献度			
	敬业精神（10%）	吃苦耐劳及遵守纪律			
方法能力	计划能力（10%）	计划条理性			
	决策能力（10%）	方案正确性			

班　级		姓　名		学号		总评	
教师签字		第　组	组长签字			日期	

评价评语	评语：

教学反馈单

学习领域	寒区路桥工程施工技术			
学习情境	寒区路面工程施工	学时		10
工作任务	寒区水泥混凝土路面施工	学时		4
序　号	调查内容	是	否	理由陈述
1	是否了解水泥混凝土路面质量问题有哪些？			
2	是否了解水泥混凝土路面施工准备工作有哪些？			
3	是否了解水泥混凝土路面摊铺的施工流程？			
4	是否了解水泥混凝土路面质量控制要点和指标？			
5	你对任课教师在本任务的教学满意吗？			
6	你对自己的表现是否满意？			
7	你对小组成员之间的合作是否满意？			
8	你认为本项目还应学习哪些方面的内容？（请在下面回答）			
9				
10				
11				
12				
13				

你的意见对改进教学非常重要,请写出你的建议和意见。

被调查人签名		调查时间	

学习情境 五

桥涵构造物冬期施工

学习指南

学习目标

学生在教师的讲解和引导下,明确工作任务的目的和实施中的关键要素,通过了解桥涵冬期施工要求,掌握材料加工的特殊要求,能够借助工具软件、设计文件及相关资料找到完成任务所需的工具、材料、方法,能够完成"钢筋及预应力混凝土冬期施工"和"砌体工程冬期施工"两项工作的内容报告。要求在学习过程中培养和锻炼职业素质,胜任在特殊环境下从事路桥工程施工的基本技能。

工作任务

1. 钢筋混凝土及预应力混凝土冬期施工
2. 砌体工程冬期施工

学习情境的描述

根据寒区桥梁结构的特点,选取"钢筋混凝土及预应力混凝土冬期施工"、"砌体工程冬期施工"等两个工作任务作为载体,使学生通过真实的工程训练掌握工程技术人员在低温环境下从事路桥工程建设有关的技术。学习的内容与组织如下:了解桥涵冬期施工的要求、掌握材料的加工特殊要求、掌握混凝土配制与拌和的特殊要求,通过对桥涵结构物冬期施工工程实践训练,掌握桥涵冬期施工有关施工方法;根据工程图纸,能够借助设计文件及资料找到完成任务所需的工具、材料、方法,能够完成"桥涵冬期施工"工作任务的技术方案报告,使学生掌握寒区路桥工程施工技术。

任务9 钢筋混凝土及预应力混凝土冬期施工

任务单

学习领域	寒区路桥工程施工技术		
学习情境	桥涵构造物冬期施工	学时	8
工作任务	钢筋混凝土及预应力混凝土冬期施工	学时	4
布置任务			
工作目标	1. 了解桥涵冬期施工的要求 2. 掌握钢筋焊接、张拉等加工的特殊要求 3. 掌握混凝土配制与拌合的特殊要求 4. 掌握水泥混凝土浇筑的特殊要求 5. 掌握混凝土养护的特殊要求		
任务描述	1. 桥涵冬期施工准备工作 2. 钢筋冬期施工 3. 水泥混凝土冬期施工 4. 桥涵施工质量检测		

学时安排	资讯	计划	决策	实施	检查	评价
	1学时	0.5学时	0.5学时	1学时	0.5学时	0.5学时

提供资料	[1] JTJ034-2000 公路路面基层施工技术规范. [2] JTG F30—2003 公路水泥路面施工技术规范. [3] JTGB01—2003 公路工程技术标准. [4] JTG/T D31-04—2012 多年冻土地区公路设计与施工技术细则. [5] 王海春. 特殊地区公路. 北京:人民交通出版社,2006. [6] 徐玟. 山区公路路基施工技术. 哈尔滨:哈尔滨工业大学出版社,2000.

对学生的要求	1. 掌握混凝土的组成及施工要求 2. 掌握钢筋混凝土施工温度控制指标 3. 掌握钢筋混凝土冬期施工的养护方法 4. 必须会读识路桥工程图 5. 按学习目标完成相关任务内容 6. 必须具有团队合作的精神,以小组的形式完成工作任务 7. 严格遵守课堂纪律和工作纪律,不迟到,不早退,不旷课 8. 应树立职业意识,按照企业的岗位职责要求自己 9. 本项目工作任务完成后,需提交学习体会报告,要求另附

资　讯　单

学习领域	寒区路桥工程施工技术		
学习情境	桥涵构造物冬期施工	学时	8
工作任务	钢筋混凝土及预应力混凝土冬期施工	学时	4
资讯方式	在图书馆、专业期刊、施工规范、互联网及信息单上查询问题;咨询任课教师		
资讯问题	1. 钢筋混凝土冬期施工准备工作有哪些?		
	2. 钢筋混凝土冬期施工时应控制哪些指标?		
	3. 钢筋混凝土施工的养护重点是什么?		
	4. 钢筋混凝土冬期施工质量控制重点是什么?		
	5. 钢筋混凝土冬期施工质量问题有哪些?		
	6. 钢筋混凝土构件冬期施工温度如何控制?		
	7. 钢筋混凝土冬期施工质量检验指标有哪些?		
资讯引导	1. 问题的解答需要在下面的信息单中查找。 2. 参考《公路桥涵施工技术规范(JTG/F50—2011)》、《公路水泥混凝土路面施工技术规范(JTG F30—2003)》、《公路水泥混凝土路面滑模施工技术规程(JTJ037.1—2000)》、《多年冻土地区公路设计与施工技术细则(JTG/T D31—04—2012)》等规范。 3. 王海春. 特殊地区公路. 北京:人民交通出版社,2006. 4. 徐玫. 山区公路路基施工技术. 哈尔滨:哈尔滨工业大学出版社,2000.		

信 息 单

9.1　桥涵冬期施工要求

冬期施工是指根据当地多年气温资料,室外日平均气温连续 5 天稳定低于 5 ℃时混凝土、钢筋混凝土、预应力混凝土及砌体结构工程的施工。冬期施工应遵照以下规定内容:

(1)冬期施工的工程,应预先做好冬期施工组织计划及准备工作,对各项设施和材料应提前采取防雪、防冻等措施,对钢筋的冷拉和张拉,还应专门制定施工工艺要求及安全措施。

(2)冬期施工期间,用硅酸盐水泥或普通硅酸盐水泥配制的混凝土,在抗压强度达到设计强度的40%及50 MPa 前,用矿渣硅酸盐水泥配制的混凝土,在抗压强度达到设计强度的50%前,不得受冻。未采取抗冻措施的浆砌砌体,在砂浆抗压强度达到70%前不得受冻。

(3)基础的地基(永冻地区除外),在工程施工时和完工后,均不得受冻。

(4)冬期铺设防水层时,应先将结构物表面加热至一定温度,并应按防水层冬期施工的有关规定执行。

(5)冬期施工时,应制定防火、防冻、防煤气中毒等安全措施,并与当地气象部门取得联系,做好气温观测工作。

9.2　钢筋混凝土及预应力混凝土冬期施工

9.2.1　钢筋的焊接、冷拉及张拉的技术要求

(1)焊接钢筋宜在室内进行,当必须在室外进行时,最低温度不宜低于 - 20 ℃,并应采取防雪挡风措施,减小焊件温度差,焊接后的接头严禁立刻接触冰雪。

(2)冷拉钢筋时的温度不宜低于 - 15 ℃,当采取可靠的安全措施时可不低于 - 20 ℃;当采用控制应力或冷拉率方法冷拉时,冷拉控制应力宜较常温时提高,提高值应经试验确定,但不得超过 30 MPa。

(3)张拉预应力钢材时的温度不宜低于 - 15 ℃。

(4)钢筋的冷拉设备、预应力钢材张拉设备及仪表工作油液,应根据实际使用时的环境温度选用,并应在使用时的环境温度条件下进行配套校验。

9.2.2　混凝土配制和搅拌的技术要求

(1)配制混凝土时,宜优先选用硅酸盐水泥、普通硅酸盐水泥,水泥的强度等级不宜低于 42.5,水灰比不宜大于 0.5。采用蒸汽养护时,宜优先选用矿渣硅酸盐水泥。用加热法养护掺加外加剂的混凝土,严禁使用高铝水泥。使用其他品种的水泥时,应注意其掺合材料对混凝土强度、抗冻、抗渗等性能的影响。

(2)浇筑混凝土宜掺用引气剂、引气型减水剂等外加剂,以提高混凝土的抗冻性。在钢筋混凝土中掺用氯盐类防冻剂时,氯离子含量不得超过规定,且不宜采用蒸汽养生。当采用素混凝土时,氯盐掺量不得大于水泥质量3%。预应力混凝土不得掺用引气剂、引气型减水剂及氯盐防冻剂。掺用的引气剂、引气型减水剂及防冻剂,应符合现行国家标准《混凝土外加剂》(GB8076)的规定。

(3)拌制混凝土的各项材料的温度,应满足混凝土拌和物搅拌合成后所需的温度。当材料原有温度不能满足需要时,应首先考虑对拌和用水加热,仍不能满足需要时,再考虑对集料加热。水泥只保温,不得加热。各项材料需要加热的温度应根据相关公式计算确定,但不得超过表 9.1 规定。

表9.1　拌和水及骨料最高温度 （单位:℃）

项　目	拌和水	骨料
强度等级小于52.5的普通硅酸盐水泥、矿渣硅酸盐水泥	80	60
强度等级等于或大于52.5的普通硅酸盐水泥、矿渣硅酸盐水泥	60	40

注:当骨料不加热时,水可以加热到100 ℃,但水泥不应与80 ℃以上的水直接接触。投料顺序为先投骨料和已加热的水,然后再投入水泥。

（4）冬期搅拌混凝土时,骨料不得带有冰雪和冻结团块。严格控制混凝土的配合比和坍落度;投料前,应先用热水或蒸汽冲洗搅拌机,投料顺序为骨料、水,搅拌,再加水泥搅拌,时间应较常温时延长50%。混凝土拌和物的出机温度不宜低于10 ℃,入模温度不得低于5 ℃。

9.2.3　混凝土运输和浇筑的技术要求

（1）混凝土的运输时间应尽可能缩短,运输混凝土的容器应有保温措施。

（2）混凝土在浇筑前应清除模板、钢筋上的冰雪和污垢。成型开始养护时的温度,用蓄热法养护时不得低于10 ℃;用蒸汽法养护时不得低于5 ℃;细薄结构不得低于8 ℃。

（3）冬期施工接缝混凝土时,在新混凝土浇筑前应先加热使接合面有5 ℃以上的温度,浇筑完成后,应采取措施使混凝土接合面继续保持正温,直至新浇筑混凝土获得规定的抗冻强度。

（4）浇筑预应力混凝土构件的湿接缝时,宜采用热混凝土或热水泥砂浆,并应适当降低水灰比。浇筑完成后应加热或连续保温养护,直至接缝混凝土或水泥砂浆抗压强度达到设计强度的75%。

（5）预应力混凝土的孔道压浆应在正温下进行,具体要求按规定执行。

9.2.4　混凝土养护的技术要求

（1）混凝土的养护方法,应根据技术经济比较和热工计算确定。当气温较低、结构表面系数较大,蓄热法不能适应强度增长速度要求时,可根据具体情况,选用蒸汽加热、暖棚加热（图9.1～9.3）或电加热等方法。

（2）用蓄热法养护混凝土时,应符合以下规定。

①蓄热方法应根据环境条件,经过计算在能确保结构物不受冻害的条件下采用。

②应采取加速混凝土硬化和降低混凝土冻结温度的措施。

③混凝土应采用较小的水灰比。

④对容易冷却的部位,应特别加强保温。

⑤不应往混凝土和覆盖物上洒水。

图9.1　冬期施工暖棚（一）

图9.2　冬期施工暖棚(二)

图9.3　冬期施工暖棚(三)

（3）用蒸汽加热法养护混凝土时,除按规定执行外,混凝土的升、降温速度不得超过表9.2规定内容。

表9.2　加热养护混凝土的升、降温速度

表面系数(m⁻¹)	升温速度(℃·h)	降温速度(℃·h)
≥6	15	10
<6	10	5

注:①大体积混凝土应根据实际情况确定;
　　②表面系数系指结构冷却面积与结构体积的比值。

（4）用电热法养护混凝土时,一般采用电极法和电热器加热法。

（5）用暖棚法加热养护混凝土时,应符合下列规定:

①暖棚应坚固、不透风,靠内墙宜采用非易燃性材料。

②在暖棚中用明火加热时,需特别加强防火、防煤气中毒措施。

③暖棚内气温不得低于5 ℃。

④暖棚内宜保持一定的湿度,湿度不足时,应向混凝土面及模板上洒水。

(6)模板的拆除应符合下列规定:

①根据与结构同条件养护试件的试验,证明混凝土已达到要求的抗冻强度及拆模强度后,模板方可拆除。

②加热养护结构的模板和保温层,在混凝土冷却至5 ℃以后方可拆除。当混凝土与外界气温相差大于20 ℃时,拆除模板后的混凝土表面应加以覆盖,使其缓慢冷却。

(7)掺用防冻剂的混凝土养护应符合下列规定:

①在负温条件下严禁浇水,外露表面必须覆盖养护。

②养护温度不得低于防冻剂规定的温度,当达不到规定温度,且混凝土强度小于3.5 MPa时应采取加热保温措施。

③当拆模后混凝土的表面温度与环境温度差大于15 ℃时,混凝土表面应覆盖保温养护。

9.2.5　灌注桩冬期施工

灌注桩混凝土的冬期施工,主要是保证混凝土在灌注时不冻结,能顺利灌注,一般情况不需要养护,只有在桩头露出水面或地面或虽未露出水面、地面,但在冰冻范围之内时,才进行桩头混凝土的覆盖保温养护,覆盖的厚度应当考虑到钢筋导热的影响。灌注桩混凝土冬期施工的要求如下:

(1)灌注桩混凝土的配制和搅拌同前面规定,灌注时对拌和物的温度要求不低于5 ℃。

(2)混凝土的运输要求同前面规定。

(3)混凝土不准掺防冻剂、抗冻剂。

(4)混凝土灌注的其他要求不变。

9.3　工程实践案例——大体积混凝土冬期施工控制技术

9.3.1　工程概况

哈尔滨绕城高速公路西段松花江大桥是我国高寒地区首座大跨径公路斜拉桥。大桥全长1 268.86 m,主孔全长696 m,主桥横向全宽33.2 m,双向四车道。主桥的结构型式为双塔双索面、钢 - 混凝土结合梁斜拉桥,由三跨斜拉桥和两个过渡跨结构组合而成;塔墩固结一体、塔与主梁纵向活动支承,属塔墩固节、塔梁支承式半悬浮体系,过渡跨与斜拉桥主梁连续。

松花江大桥主墩承台尺寸为54.5 m×15 m×5 m,混凝土强度等级为C30,混凝土量为3 674.5 m³,属于大体积混凝土。其施工期正值11月份,此时黑龙江省日平均气温已经远远低于5 ℃,早已进入冬期施工阶段。因此,在大桥主墩承台施工时考虑的重点如何降低大体积混凝土内部的最高温升和提高混凝土外部的环境温度,使其内外温差控制在25 ℃以内,从而避免由于温差过大而使混凝土产生温度裂缝。针对大体积混凝土的施工特点并结合施工时的具体情况,采取"内降外保"的施工技术及先进的温度测控技术。

9.3.2　施工技术

1."内降"技术

所谓"内降",就是在保证混凝土强度及品质的前提下通过降低水泥用量、加入外掺料和外掺剂、降低混凝土入模温度,分层浇筑、布设冷却水管等措施来降低混凝土的内部温升。

(1)混凝土原材料的选择。

①水泥选择。水泥选用低水化热水泥,选取了哈尔滨水泥厂的PO32.5水泥进行水化热和强度实验,实验证明哈尔滨水泥厂的PO32.5水泥发热量小、强度高,能够满足本桥大体积混凝土施工的技术要求。具体实验结果如表9.3、表9.4所示。

表9.3 水泥水化热数据

序号	样品名称	1 天放热量（cal/g）	3 天放热量（cal/g）	7 天放热量（cal/g）	最大温升（℃）
1	哈水 PO32.5	33.15	54.44	67.83	14.5

表9.4 水泥强度实验数值

序号	样品名称	抗折强度（MPa）		抗压强度（MPa）	
		3 d	28 d	3 d	28 d
1	哈水 PO32.5	4.5	8.8	18.1	50.7

②粉煤灰选择。在保证混凝土强度的情况下，大体积混凝土中掺入一定量的粉煤灰可以降低混凝土的早期水化热，提高混凝土的可泵性，选取阿城热电厂的一级增钙粉煤灰进行实验，实验结果表明，阿城热电厂的一级增钙粉煤灰的各项性能指标均符合要求，可以在本工程中使用，实验结果如表9.5所示。

表9.5 粉煤灰性能指标

样品名称	性能指标				
	细度（%）	需水量比（%）	烧失率（%）	含水率（%）	三氧化硫质量分数（%）
阿城热电厂一级增钙粉煤灰	3.5	94.8	0.2	0.01	0.06

③外加剂选择。大体积混凝土中掺入一定量的缓凝剂，可以降低大体积混凝土早期的水化放热速率、降低水泥水化过程中的放热峰值，从而达到降低混凝土内部温升的目的。选取黑龙江省寒地建筑科学院的LNC-51 型外加剂进行实验，实验结果表明，掺入 LNC-51 型外加剂混凝土具有特别好的流化效果和较小的坍落度损失。

④集料选择。要求级配良好，质地坚硬，颗粒洁净。细集料细度模数在 2.5 ~ 3.0 之间，含泥量小于等于 2%；粗集料要求 5 ~ 31.5 mm 连续级配，含泥量小于等于 1%。

（2）混凝土配合比设计。大体积混凝土配合比应满足设计标号、泵送工艺性、低水化热、缓凝等要求。根据大体积混凝土施工的实际情况，选取水泥用量、粉煤灰用量、砂率、缓凝剂掺量四个因素进行水平正交试验，然后进行极差分析（表9.6），绘出影响因素与强度的关系曲线（图9.4 ~ 图9.7），最后确定出施工配合比。

表9.6 28 天强度极差分析结果

列号	1	2	3	4	抗压强度（MPa）
因素	水泥用量（kg/m³）	粉煤灰用量（与水泥用量之比）	砂率（%）	缓凝剂（与水泥用量之比）	X_i
1	310	25	36	0.15	47.3
2	310	30	38	0.20	48.8
3	310	35	40	0.25	56.4
4	330	25	38	0.25	58.5
5	330	30	40	0.15	54.2
6	330	35	36	0.20	62.9
7	350	25	40	0.2	53.3
8	350	30	36	0.25	65.4

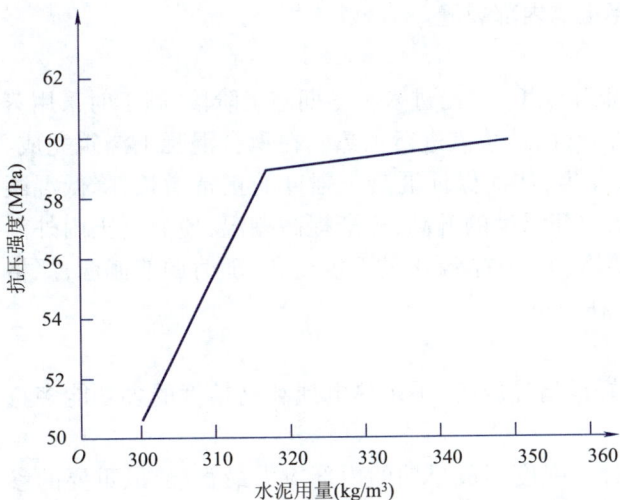

图 9.4　水泥用量与强度的关系

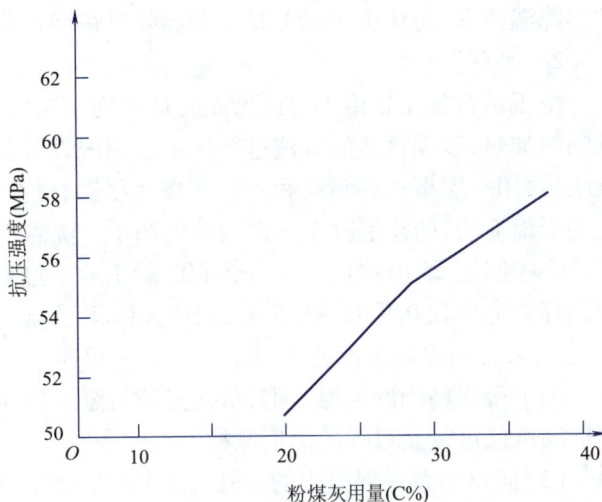

图 9.5　粉煤灰用量与强度的关系

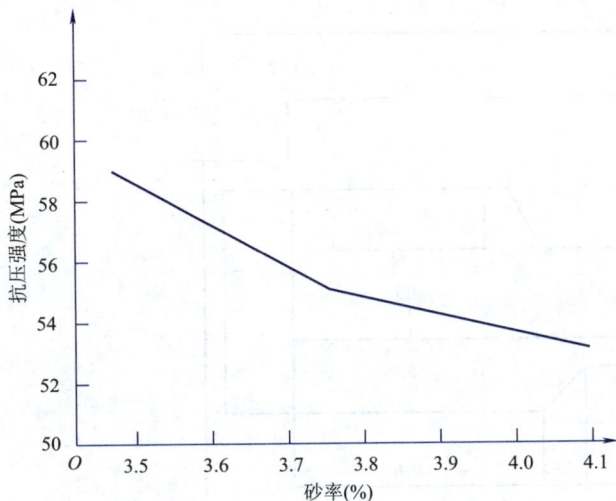

图 9.6　砂砾与强度的关系

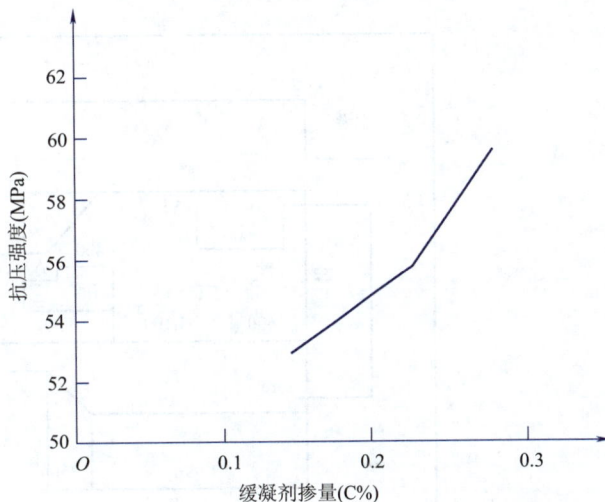

图 9.7　缓凝剂掺量与强度的关系

根据 28 天强度极差分析结果,确定的施工配合比及性能指标如表 9.7 所示。

表 9.7　混凝土配合比及性能检验

设计强度等级	配合比	水胶比	砂率(%)	水泥用量(kg/m³)	粉煤灰用量(kg/m³)	外加剂用量(%)	石料品种
C30	1∶1.73∶2.58	0.38	40	310	109	1.6	碎石

坍落度(cm)	凝结时间		抗压强度(MPa)				容重(kg/m³)
	初凝	终凝	3 d	7 d	28 d	60 d	
185	27 h 48 min	33 h 42 min	15.8	28.0	46.4		2 390.8

(3)分层浇筑。为了减少混凝土内部的发热量,降低温升峰值,承台大体积混凝土施工时采用分层浇筑、设置水平工作缝的施工方法。第一次浇筑 3 m,第二次浇筑 2 m。待第一次混凝土强度达到 10 MPa 以上进行凿毛处理。混凝土内部温度降到 35 ℃以下后进行第二次混凝土浇筑,浇筑时严格控制混凝土的入模温度,保证第一、二层混凝土的温差在 25 ℃以内,避免由于温度梯度过大而造成混凝土衔接部位的裂缝。

(4)布设冷却水管。在混凝土浇筑前埋置 5 层 φ25 mm 冷却水管,水平布置在混凝土不同层面内,层间距 1.0 m。管间距 1.2 m。当混凝土浇筑至冷却水管高程后,立即通入冷却水,利用循环水带走混凝土内部的部分热量,从而有效降低混凝土水化热最高峰值,减小混凝土内外温差造成的拉应力,防止裂缝的形成。循环水要随时调节水温,保证循环过程中与混凝土内部的温差在 20 ℃~25 ℃,流量控制在 10~20 L/min,

控制降温速率,避免由于温差过大和温降过快而造成混凝土的内部裂缝。

2."外保"技术

由于承台施工正值 11 月份,此时日平均气温已远远低于 5 ℃,早已进入了冬期施工阶段,施工时采用蒸汽锅炉加热,暖棚蓄热的方法进行保温。棚内设置蒸汽排管,内通蒸汽进行加热。在承台混凝土浇筑完成、收浆后,用一层聚乙烯塑料和一层麻袋片覆盖,进行保水养生,从而保证混凝土强度的正常增长,降低混凝土的干缩应力,防止混凝土表面裂缝的产生。随着混凝土内部温度的升高,逐渐提高棚温,使混凝土内外温差始终控制在 25 ℃以内。在大体积混凝土养生过程中要密切关注混凝土的温度变化,随时调节棚温,严格控制降温速率在 0.9 ℃ ~ 1.5 ℃,保证大体积混凝土的内在质量。

3. 采用先进的温控技术

为了得到精确的测温数据,掌握温升与温降规律,更好地指导施工,采用热电偶和高精度的多功能多点温度测试仪进行全过程的温度测控。

(1)温点布置。混凝土的内外温差是监测大体积混凝土强度形成早期的内部应力最直接、最重要的参考数据,因此,在大体积混凝土施工时采用高灵敏度的热电偶埋置于承台的不同层面作为测温点,每座承台共计 61 点,具体布置如图 9.8 所示。

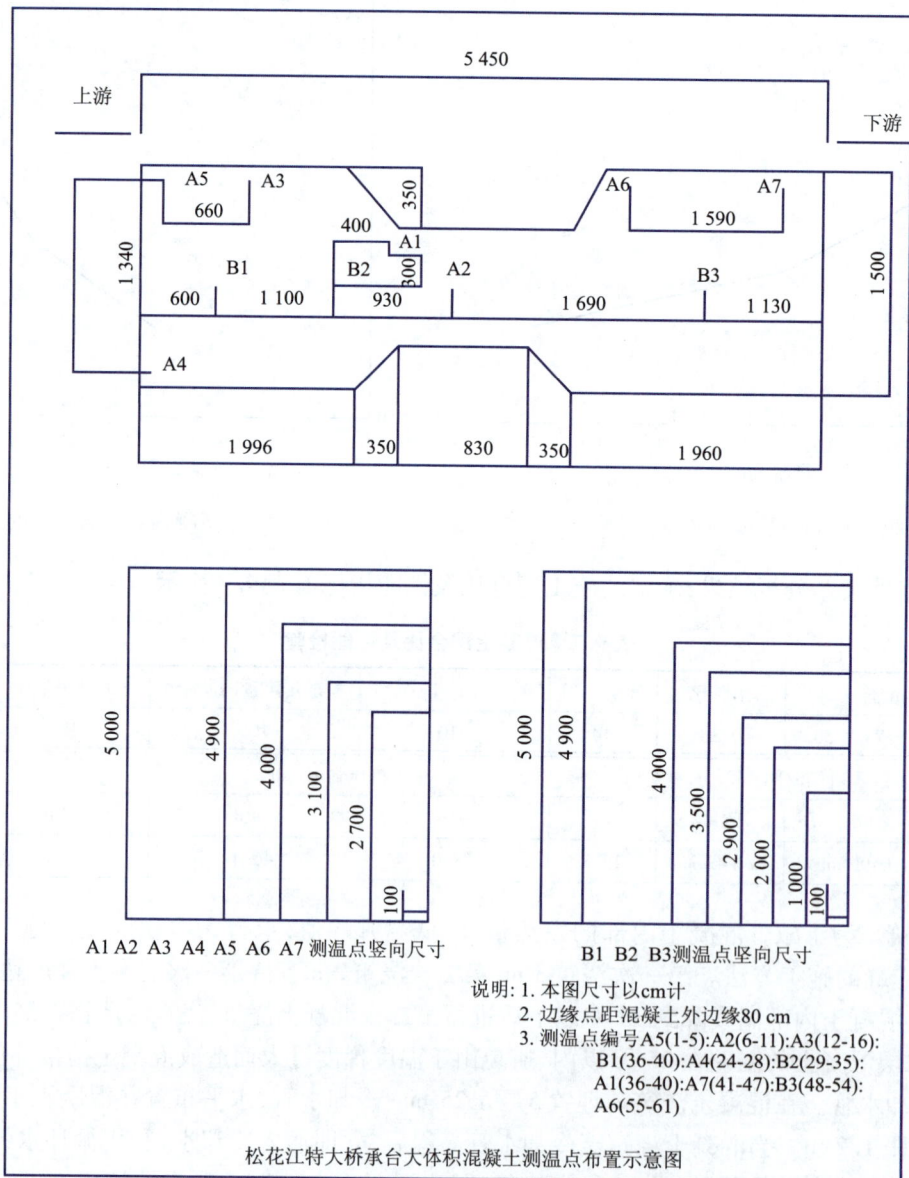

松花江特大桥承台大体积混凝土测温点布置示意图

图 9.8　测点布置图

（2）测温数据分析。11 月 6 日和 11 月 17 日分别进行了 8 号承台第一、二层混凝土浇筑，混凝土浇筑持续时间分别为 64 小时和 44 小时。入模平均温度分别为 11 ℃和 12 ℃。根据多功能多点测温仪的记录结果，绘制出 8 号承台混凝土 B3 点的温度变化曲线（图 9.9）。

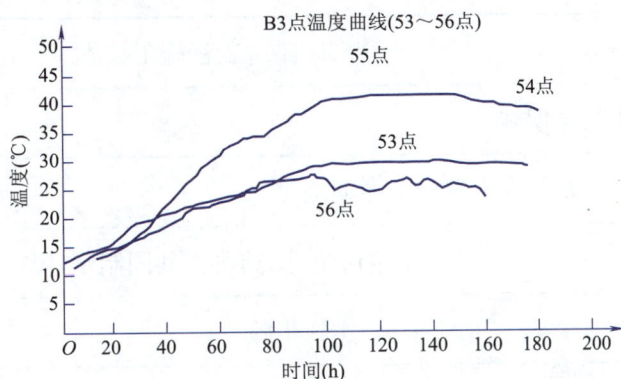

B3点温度曲线(53～56点)

55点
54点
53点
56点

图 9.9　温度曲线

由温度记录结果及温度变化曲线可以看出以下几点。

①8 号承台第一次混凝土浇筑，入模温度 11.37 ℃，混凝土内部最高温度 43.36 ℃，最高温升 21.99 ℃，达到时间 114 小时。出现在距底面 2 m，第 55 个测温点处。

②由混凝土底面向上第 53、54、55、56 点温度峰值分别为 30.36、42.04、43.36、27.88 ℃，达到时间分别为 140、126、114、94 h，可以看出由混凝土底面向上温度峰值逐渐增高，达到时间逐渐提前。但接近混凝土表面时，温度峰值突然下降，并且波动较大，说明混凝土表面温度受外部环境温度影响较大。

③由温度曲线可以看出，混凝土内部的降温速率比混凝土表面要快，说明冷却管的降温效果比较明显。

4. 结论

（1）通过"内降外保"技术的应用，实现了温度控制、裂缝控制的目标，达到很好的工程质量效果，取得了寒冷地区大体积混凝土冬期施工宝贵经验，实体工程质量优良。

（2）"内降"技术在优化混凝土配合比设计、选取原材料、测定混凝土工作性能和力学性能、测温控温等方面取得大量的试验数据，从而成功地实现寒冷地区桥梁冬期施工大体积混凝土温度裂缝的有效控制。

（3）施工配合比中通过采用双掺技术，不仅成功地解决了高寒地区大体积混凝土施工产生温度裂缝问题，而且有效地改善了混凝土的施工性能，提高了混凝土的耐久性，可以显著延长桥梁的使用寿命，取得了显著的经济效益和社会效益。

实践证明以上各项施工技术措施是行之有效的，经业主、监理、施工单位的共同努力，松花江大桥主墩承台大体积混凝土施工达到了预期效果，未产生温度裂缝，强度完全满足设计要求，实体工程质量优良。以上技术的成功采用，为今后类似的大体积混凝土工程提供了翔实可靠的第一手资料，同时也为高寒地区大体积混凝土冬期施工提供了参考。

计 划 单

学习领域	寒区路桥工程施工技术		
学习情境	桥涵构造物冬期施工	学时	8
工作任务	钢筋混凝土及预应力混凝土冬期施工	学时	4
计划方式	小组讨论、团结协作共同制定计划		
序　　号	实施步骤		使用资源
1			
2			
3			
4			
5			
6			
制定计划说明			

	班　级		第　组	组长签字	
	教师签字			日　期	
计划评价	评语：				

决 策 单

学习领域	寒区路桥工程施工技术		
学习情境	桥涵构造物冬期施工	学时	8
工作任务	钢筋混凝土及预应力混凝土冬期施工	学时	4

方案讨论

	组号	方案合理性	实施可操作性	安全性	综合评价
方案对比	1				
	2				
	3				
	4				
	5				
	6				
	7				
	8				
	9				
	10				
方案评价	评语：				

班　级		组长签字		教师签字		月　日

实 施 单

学习领域	寒区路桥工程施工技术			
学习情境	桥涵构造物冬期施工		学时	8
工作任务	钢筋混凝土及预应力混凝土冬期施工		学时	4
实施方式	小组成员合作;动手实践			
序 号	实施步骤		使用资源	
1				
2				
3				
4				
5				
6				
7				
8				
9				
10				

实施说明:

班 级		第 组	组长签字	
教师签字			日 期	
评 语				

检 查 单

学习领域	寒区路桥工程施工技术		
学习情境	桥涵构造物冬期施工	学时	8
工作任务	钢筋混凝土及预应力混凝土冬期施工	学时	4
序　号	检查项目	检查标准	学生自查	教师检查
1	咨询问题	回答得认真、准确		
2				
3				
4				
5				
6				
7				
8				
9				

班　级		第　组	组长签字	
教师签字		日　期		

检查评价	评语：

评 价 单

学习领域	寒区路桥工程施工技术				
学习情境	桥涵构造物冬期施工			学时	8
工作任务	钢筋混凝土及预应力混凝土冬期施工			学时	4
评价类别	项 目	子 项 目	个人评价	组内互评	教师评价
专业能力	资讯（10%）	搜集信息及引导问题回答			
	计划（5%）	计划可执行性和安排合理性			
	实施（20%）	实施的完整性、合理性及可执行性			
	检查（10%）	全面准确性和特殊情况处理			
	过程（5%）	安全合理、符合操作规范			
	结果（10%）	准确性、快速性			
社会能力	团结协作（10%）	合作情况及对小组贡献度			
	敬业精神（10%）	吃苦耐劳及遵守纪律			
方法能力	计划能力（10%）	计划条理性			
	决策能力（10%）	方案正确性			

班 级		姓 名		学号		总评	
教师签字		第 组	组长签字			日期	

评价评语	评语：

教学反馈单

学习领域	寒区路桥工程施工技术			
学习情境	桥涵构造物冬期施工	学时		8
工作任务	钢筋混凝土及预应力混凝土冬期施工	学时		4
序　号	调查内容	是	否	理由陈述
1	是否了解混凝土冬期施工配合组成有哪些特殊要求？			
2	是否了解桥涵冬期施工准备工作有哪些？			
3	是否了解钢筋混凝土或预应力混凝土冬期施工重点？			
4	是否了解桥涵冬期施工控制要点和检验指标？			
5	你对任课教师在本任务的教学满意吗？			
6	你对自己的表现是否满意？			
7	你对小组成员之间的合作是否满意？			
8	你认为本项目还应学习哪些方面的内容？（请在下面回答）			
9				
10				
11				
12				

你的意见对改进教学非常重要,请写出你的建议和意见。

被调查人签名		调查时间	

任务 10　砌体工程冬期施工

任　务　单

学习领域	寒区路桥工程施工技术		
学习情境	桥涵构造物冬期施工	学时	8
工作任务	砌体工程冬期施工	学时	4
布置任务			
学习目标	1. 了解桥涵砌体冬期施工的要求 2. 掌握砌体材料等加工的特殊要求 3. 掌握砌体冬期砌筑的特殊要求 4. 掌握砌体施工的质量要求 5. 掌握砌体养护的特殊要求		
任务描述	1. 桥涵砌体冬期施工准备工作 2. 砌体冬期施工 3. 砌体冬期施工养护 4. 桥涵砌体施工质量检测		

学时安排	资讯	计划	决策	实施	检查	评价
	1 学时	0.5 学时	0.5 学时	1 学时	0.5 学时	0.5 学时

提供资料	［1］JTG/T F50—2011　公路桥涵施工技术规范. ［2］JTG F30—2003　公路水泥路面施工技术规范. ［3］JTGB01—2003　公路工程技术标准. ［4］JTG/T D31—04—2012　多年冻土地区公路设计与施工技术细则. ［5］王海春. 特殊地区公路. 北京:人民交通出版社,2006. ［6］徐玫. 山区公路路基施工技术. 哈尔滨:哈尔滨工业大学出版社,2000.
对学生的要求	1. 掌握砌体的组成及配合比 2. 掌握砌体施工质量控制指标 3. 掌握砌体冬期施工养护方法 4. 必须会读识路桥工程图 5. 按学习目标完成相关任务内容 6. 必须具有团队合作的精神,以小组的形式完成工作任务 7. 严格遵守课堂纪律和工作纪律,不迟到,不早退,不旷课 8. 应树立职业意识,按照企业的岗位职责要求自己 9. 本项目工作任务完成后,需提交学习体会报告,要求另附

资 讯 单

学习领域	寒区路桥工程施工技术		
学习情境	桥涵构造物冬期施工	学时	8
工作任务	砌体工程冬期施工	学时	4
资讯方式	在图书馆、专业期刊、施工规范、互联网及信息单上查询问题;咨询任课教师		
资讯问题	1. 砌体施工准备工作有哪些?		
	2. 砌体砌筑时应控制哪些指标?		
	3. 砌体对材料有何要求?		
	4. 砌体施工质量控制重点是什么?		
	5. 砌体常见质量问题有哪些?		
	6. 砌体施工对抗冻砂浆如何要求?		
	7. 砌体保温法施工有何要求?		
资讯引导	1. 问题的解答需要在下面的信息单中查找。 2. 参考《公路桥涵施工技术规范(JTG/T F50—2011)》、《公路水泥混凝土路面施工技术规范(JTG F30—2003)》、《公路水泥混凝土路面滑模施工技术规程(JTJ037.1—2000)》、《多年冻土地区公路设计与施工技术细则(JTG/T D31—04—2012)》等规范。 3. 王海春. 特殊地区公路. 北京:人民交通出版社,2006. 4. 徐玫. 山区公路路基施工技术. 哈尔滨:哈尔滨工业大学出版社,2000.		

信 息 单

10.1 砌体工程施工

10.1.1 材料

（1）砌体应干净,无冰霜附着;砂中不得含有冰块或冻结团块。遇水浸泡后受冻的砌块不能使用。

（2）冬期施工的砌筑砂浆必须保持正温,砂浆与石材表面的温度差不宜超过20℃。石灰膏不宜受冻,如有冻结,应经融化并重新拌和后方可使用,但因受冻而脱水者不得使用。

（3）冬期砌筑砌体,只准使用水泥砂浆或水泥石灰砂浆,不准使用无水泥配制的砂浆,砂浆宜采用普通硅酸盐水泥拌制。砂浆应随拌随用,搅拌时间应比常温时增加0.5~1倍,砌石砂浆的稠度要求40~60 mm。

（4）小石子混凝土的配制和使用,应符合有关规定。

10.1.2 保温法砌筑

（1）砌体在暖棚中砌筑时,应符合以下规定。

①砌块的温度应在5℃以上。

②砂子和水加温后拌制的砂浆,其温度不得低于15℃,加温计算方法同混凝土。

③室内地面处的温度不得低于5℃。

④砂浆的保温时间应以达到其抗冻强度的时间为准。

⑤养护时应洒水,保持砌体湿润。

（2）冬期施工前后气温突然降低时,正在施工的砌体工程应采取以下措施。

①拌和砂浆的材料加热,水温不得超过80℃,砂不得超过40℃,使砂浆温度不低于20℃。

②拌制砂浆的速度与砌筑进度密切配合,随拌随用。

③砌完部分用保温材料覆盖,气温低于5℃时,不得洒水养护。

10.1.3 抗冻砂浆砌筑

氯化钠或氯化钙掺量超过早强水泥砂浆或水泥混合砂浆,称为抗冻砂浆。

（1）抗冻砂浆在严寒地区宜采用硅酸盐水泥或普通硅酸盐水泥,其他地区可采用矿渣水泥、火山灰水泥或粉煤灰水泥。

（2）抗冻砂浆使用时的温度不得低于5℃。当一天中最低气温低于 -15℃时,承重砌体的砂浆强度宜按常温时提高一级。

（3）用抗冻砂浆砌筑的砌体,应在砌筑后加以覆盖,但不得浇水。

（4）抗冻砂浆的抗冻剂掺量可通过试验确定。

（5）桥梁支座垫石不宜采用抗冻砂浆。

10.2 工程质量检查

10.2.1 桥涵工程

冬期施工时,混凝土、钢筋混凝土、预应力混凝土工程的质量除应检查规定内容外,还应检查混凝土在浇筑及养护期间的环境温度。冬期施工还应进行以下检查。

（1）混凝土用水和骨料的加热温度。

（2）混凝土的加热养护方法和时间等。检查结果应分别记入混凝土工程施工记录和温度检查记录。

（3）骨料和拌和水装入搅拌机时的温度、混凝土自搅拌机倾出时的温度及浇筑时的温度，每一工作班应至少检查 3 次。

（4）混凝土在养护期间温度的检查，不应少于下列次数：

①用蓄热法养护时，每昼夜定时 4 次。

②用蒸汽加热法及电加热法养护时，升温及降温期间每小时 1 次，恒温期间每两小时 1 次。

③室内外环境温度，每昼夜定时定点 4 次。

（5）检查混凝土温度时，应符合有关规定。

（6）混凝土冬期施工时，除留标准养护试件外，并应制取相同数量与结构同条件养护的试件。冬期施工混凝土质量的评定方法与常温施工混凝土相同。

10.2.2　砌体工程

（1）砌体冬期施工时，应注意进行下列检查并记入施工记录：

①室外气温、暖棚气温及砂浆温度，每昼夜定时检查不少于 3 次。

②抗冻剂的掺量，每一工作班检查不少于 1 次。

（2）砌体冬期施工时，砂浆强度应以在标准条件下养护 28 d 的试件试验结果为准。试件制取组数不应少于常温下施工的试件组数。每一单元砌体应同时制取与砌体同条件养护的试件，以检查砂浆强度实际增长情况。砂浆强度的评定方法与常温施工的砂浆相同。

计 划 单

学习领域	寒区路桥工程施工技术		
学习情境	桥涵构造物冬期施工	学时	8
工作任务	砌体工程冬期施工	学时	4
计划方式	小组讨论、团结协作共同制定计划		
序　号	实施步骤		使用资源
1			
2			
3			
4			
5			
6			
制定计划说明			

班　级		第　组	组长签字	
教师签字			日　期	

计划评价	评语:

决　策　单

学习领域	寒区路桥工程施工技术		
学习情境	桥涵构造物冬期施工	学时	8
工作任务	砌体工程冬期施工	学时	4

<table>
<tr><td colspan="6" align="center">方案讨论</td></tr>
<tr><td rowspan="11">方案对比</td><td>组号</td><td>方案合理性</td><td>实施可操作性</td><td>安全性</td><td>综合评价</td></tr>
<tr><td>1</td><td></td><td></td><td></td><td></td></tr>
<tr><td>2</td><td></td><td></td><td></td><td></td></tr>
<tr><td>3</td><td></td><td></td><td></td><td></td></tr>
<tr><td>4</td><td></td><td></td><td></td><td></td></tr>
<tr><td>5</td><td></td><td></td><td></td><td></td></tr>
<tr><td>6</td><td></td><td></td><td></td><td></td></tr>
<tr><td>7</td><td></td><td></td><td></td><td></td></tr>
<tr><td>8</td><td></td><td></td><td></td><td></td></tr>
<tr><td>9</td><td></td><td></td><td></td><td></td></tr>
<tr><td>10</td><td></td><td></td><td></td><td></td></tr>
<tr><td rowspan="2">方案评价</td><td colspan="5">评语：</td></tr>
<tr><td colspan="5"></td></tr>
<tr><td>班　级</td><td colspan="2">组长签字</td><td colspan="2">教师签字</td><td>月　日</td></tr>
</table>

实 施 单

学习领域	寒区路桥工程施工技术		
学习情境	桥涵构造物冬期施工	学时	8
工作任务	砌体工程冬期施工	学时	4
实施方式	小组成员合作;动手实践		
序　号	实施步骤		使用资源
1			
2			
3			
4			
5			
6			
7			
8			
9			
10			

实施说明：

班　级		第　组	组长签字	
教师签字			日　期	
评　语				

检 查 单

学习领域	寒区路桥工程施工技术			
学习情境	桥涵构造物冬期施工		学时	8
工作任务	砌体工程冬期施工		学时	4
序　号	检查项目	检查标准	学生自查	教师检查
1	咨询问题	回答得认真、准确		
2				
3				
4				
5				
6				
7				
8				
9				

	班　级		第　　组	组长签字	
	教师签字		日　期		

检查评价	评语：

评 价 单

学习领域	寒区路桥工程施工技术				
学习情境	桥涵构造物冬期施工		学时		8
工作任务	砌体工程冬期施工		学时		4
评价类别	项　目	子 项 目	个人评价	组内互评	教师评价
专业能力	资讯（10%）	搜集信息及引导问题回答			
	计划（5%）	计划可执行性和安排合理性			
	实施（20%）	实施的完整性、合理性及可执行性			
	检查（10%）	全面准确性和特殊情况处理			
	过程（5%）	安全合理、符合操作规范			
	结果（10%）	准确性、快速性			
社会能力	团结协作（10%）	合作情况及对小组贡献度			
	敬业精神（10%）	吃苦耐劳及遵守纪律			
方法能力	计划能力（10%）	计划条理性			
	决策能力（10%）	方案正确性			

班　级		姓　名		学号		总评	
教师签字		第　组	组长签字			日期	

评价评语

评语：

教学反馈单

学习领域	寒区路桥工程施工技术		
学习情境	桥涵构造物冬期施工	学时	8
工作任务	砌体工程冬期施工	学时	4

序 号	调查内容	是	否	理由陈述
1	了解砌体质量问题有哪些吗？			
2	了解砌体施工准备工作有哪些吗？			
3	了解砌体施工对砂浆的要求吗？			
4	是否了解砌体质量控制要点和指标？			
5	你对任课教师在本任务的教学满意吗？			
6	你对自己的表现是否满意？			
7	你对小组成员之间的合作是否满意？			
8	你认为本项目还应学习哪些方面的内容？（请在下面回答）			
9				
10				
11				
12				

你的意见对改进教学非常重要，请写出你的建议和意见。

被调查人签名		调查时间	

参 考 文 献

［1］JTG B01—2003 公路工程技术标准［S］.

［2］JTG F10—2006 公路路基施工技术规范［S］.

［3］JTG/T D31—02—2003 公路软土地基路堤设计与施工技术细则［S］.

［4］JTG/T D31—04—2012 多年冻土地区公路设计与施工技术细则［S］.

［5］JTG F40—2004 公路沥青路面施工技术规范［S］.

［6］JTG F30—2003 公路水泥混凝土路面施工技术规范［S］.

［7］JTG F50—2011 公路桥涵施工技术规范［S］.

［8］JTG D60—2004 公路桥涵设计通用规范［S］.

［9］JTG D63—2007 公路桥涵地基与基础设计规范［S］.

［10］JTG H11—2004 公路桥涵养护规范［S］.

［11］王海春.特殊地区公路［M］.北京:人民交通出版社,2006.

［12］徐玫.山区公路路基施工技术［M］.哈尔滨:哈尔滨工业大学出版社,2000.

［13］曹永先.道路工程施工［M］.北京:化学工业出版社,2010.

［14］陈爱萍.道路工程施工［M］.北京:机械工业出版社,2008.

［15］栗振锋.路基路面工程［M］.北京:人民交通出版社,2009.

［16］王常才.桥涵施工技术［M］.北京:人民交通出版社,2009.

［17］刘志.道路工程施工技术［M］.北京:人民交通出版社,2010.

［18］韦生根.公路路面施工［M］.北京:人民交通出版社,2010.